真の父母様の御言集

真の父母の絶対価値と氏族的メシヤの道

光言社

はじめに

真《まこと》のお父様が聖和《ソンファ》されたのち、真のお母様が地上で「ビジョン二〇二〇」を、私たちと共に歩んでくださるということは、どれほど大きな天の愛であり、恵みでしょうか。真のお父様が天上で役事され、真のお母様が地上で役事される、このような時は、未来永劫《えいごう》、二度と訪れることはありません。

このような時代に生きている私たちに天が願うことは、地上にいらっしゃる真のお母様を中心に、氏族的メシヤの使命を果たし、日本が母の国として勝利することです。

そのためには、日本のすべての教会員が、真の父母様を中心として一つにならなければなりません。その道を歩むときに大切なことが、正しい「真《まこと》の父母観」をもつことです。これが確立されていれば、どのような内外の試練に遭遇しても、決して動揺することなく、歩みが止まることもないでしょう。この「真の父母観」を教えてくれるものこそ、真の父母様のみ言《ことば》であり、生涯路程です。

真の父母様のみ言には、次のようにあります。

「み言が先でしょうか、実体が先でしょうか。今日の宗教では、実体に関することは確信をもつことができず、律法を重要視するので、実体と律法が一体になるということは、本当に難しいのです。統一教会では、み言が先ではありません。実体があって、その実体が行った事実をみ言で証《あかし》するので、内外が一致し得る内容を知ることができるというのです」

（二〇一〇年七月八日）

み言と実体をもって私たちを導いてくださるお方は、この天宙においいて、勝利した人類始祖の立場に立たれた文鮮明《ムンソンミョン》先生御夫妻以外にはいらっしゃいません。

本書には、真のお母様が天宙の「真の母」として勝利され、最終一体となられるまでの路程について、そして、勝利された真のお母様を中心に父の国・韓国と、母の国・日本が一つになる道が示されています。繰り返し訓読することで、より一層、天地人真の父母様に対する確固たる信仰をもつことができ、「ビジョン二〇二〇」の勝利を目指して、氏族的メシヤの道を邁進《まいしん》できると確信する次第です。

世界基督《キリスト》教統一神霊協会

真の父母の絶対価値と氏族的メシヤの道　目次

はじめに……3
第一章　真の父母は人類の始祖……13
第一節　真の父母とは……14
㈠神様の創造目的……14
㈡人類の始祖アダムとエバ……18
第二節　真の父母の顕現……21
第三節　唯一絶対永遠不変の真の父母……27
㈠唯一無二の真の父母……27
㈡実体み言としての真の父母……29
第四節　真の父の使命は、み言の解明と真の母の復帰……34
㈠み言の解明……34

㈡ 真の母の復帰……37
第五節 真の父母に侍る生活……39
㈠ 最高の幸福は真の父母に侍ること……39
㈡ 真の父母に侍る子女……42

第二章 真の母を再創造された真のお父様……47

第一節 真のお母様の勝利された路程……48
㈠ 聖婚式の背景……48
㈡ 一九六〇年の聖婚式……52
㈢ 聖婚式後の七年路程……54
㈣ 聖婚式後の二十一年路程……62
㈤ 世界的、天宙的長子権復帰……68

(六) 世界的、天宙的父母権復帰……76
(七) 王権復帰……92
(八) 基元節……109
第二節 真のお母様は第二教主……113
第三節 真のお母様の信仰と愛と従順……118
(一) 真のお母様の真のお父様に対する信仰……118
(二) 真のお父様から見た真のお母様……121
(三) 真のお母様と日本……126
第三章 天の父母様に似た真の主人……131
第一節 天の父母様に似た個人……132
(一) み言の伝統……132

㈡真の愛の主人……134
第二節　天の父母様の願う家庭……138
㈠真の夫婦の愛……139
㈡真の愛と真の家庭……143
第三節　天の父母様の願う氏族……150
㈠永遠の天国の主人……150
㈡氏族的メシヤは真の愛の主人……153
第四章　天一国の完成と氏族的メシヤ……157
第一節　氏族的メシヤの環境創造……158
㈠真の父母が任命した氏族的メシヤ……158
㈡環境創造と相対創造……161

㈢アベルの位置と環境創造……164
第二節　再創造摂理と七年路程……167
㈠七年路程の背景……167
㈡七年路程の意義……170
㈢心情一致のための七年路程……175
第三節　父の国と母の国の一体化……178
㈠天一国建国の精神……178
㈡天一国の完成と日本……182
㈢父の国と母の国の一体化……194
㈣韓国語の習得……199

※本文中、各文章の末尾にある（　）内の数字は、原典『文鮮明《ムンソンミョン》先生み言《ことば》選集』の巻数とそのページ、または、み言を語られた日付を示しています。
例：（一二三―四五六）＝第百二十三巻の四五六ページ、（二〇〇一・一・一）＝二〇〇一年一月一日

第一章

真の父母は人類の始祖

第一節　真《まこと》の父母とは

(一) 神様の創造目的

神様は、先に環境創造をして、その次に何をつくったのでしょうか。主体をつくり、対象をつくりました。これが天地創造です。神様がすべての万物をつくったのちにアダムを造り、「おお、お前を造って私はうれしい」とはおっしゃいませんでした。アダムが一人でいるのはよくないと思われて、エバを造ったのです。対象をつくってみると、「はなはだ良かった」（創世記一・三一）と思われたのですが、それは誰を中心としてそのように思われたのですか。アダムが中心でもなく、エバが中心でもありません。アダムとエバを中心としてそのように思われたというのです。

（一一九―三一七、一九八二・九・二六）

神様は、御自身の体としてアダムを先に造りました。アダムは、神様の息子であると同時に、体をもった神様御自身でもあります。その次に、アダムの相対者としてエバを造り、横的な真の愛、すなわち夫婦の真の愛の理想を完成しようとしました。エバは、神様の娘であると同時に、神様の横的な真の愛の理想を実体で完成する新婦でもあったのです。

アダムとエバが完成して神様の祝福のもとで結婚し、初愛を結ぶその場は、神様が実体の新婦を迎える場です。アダムとエバが夫婦として真の愛の理想を横的に結実させるその場に、神様の絶対愛の理想が縦的に臨在し、同参（一緒に参加すること）することによって、神様の真の愛と人間の真の愛が、縦横の基点を中心として一点から出発し、一点で結実、完成するようになるのです。（二七七―一九八、一九九六・四・一六）

神様も、お独りでは、愛の目的を成し遂げることはできません。無形の神様であられるので、実体世界の息子、娘をもって、初めて天国をつくることができるのです。そうでなければ、霊界に行って、天国の民にすることができる道がありません。体がなければなりません。実体が必要です。無形の神様が、実体世界に対して、いくら警告をし、忠告をしても通じません。通じないのです。ですから、通じるためには、実体がなければならないのです。(二〇〇三・一〇・二五)

神様の創造目的は、アダムとエバが真《まこと》の愛の主体であられる神様の戒めを守り、真の人として完成することです。さらには、神様の真の愛で一つになった真の夫婦になることです。また、彼らがその真の愛の中で息子、娘をもち、幸福に暮らすことのできる真の父母になることです。アダムとエバが真の愛で完成することは、正に実体を身にまとうという、神様の願いが成就することだというのです。そして、彼らが真の夫婦として完成することは、正に神様の絶対的な愛の理想の完成を意味

するのです。（二七七―一九八、一九九六・四・一六）

私たちの始祖、アダムとエバが神様の愛を完成し、互いに真の愛を与え合って善の子孫を繁殖していれば、どのような世界になっていたでしょうか。彼らは、創造主である神様を無形の縦的な父母として侍り、愛の夫婦となって横的な真の父母になり、理想家庭を築くようになっていたのです。その真の家庭を根源として繁殖した一族、つまりアダム一族の民として増え広がり、彼らが築く国家と世界は、神様の愛と善に満ちあふれた幸福な文化世界になることは間違いありません。このような世界がすなわち天国であり、神様の創造目的であるこの天国がしっかりと地上に成し遂げられていたでしょう。

このように、神様の創造目的は、人類が神様を中心とする大家族を築き、人類全体が一つの兄弟、一つの眷属《けんぞく》となることでした。神様を中心とするアダム家庭の善の家法がそのまま伝統となって代々伝授され、一つの根から出てきた一つの言語、

一つの文化、一つの天の主権だけが存在する統一世界になっていたでしょう。(一九〇—三二、一九八九・六・二三)

真《まこと》の父と真の母が一つになり、互いに愛するようになれば、神様が下りてきて地上で彼らと一つになられるのです。神様は、地上に男性と女性を創造し、彼らを祝福されました。それは、幸福な家庭になりなさいということでした。神様は彼らを愛し、彼らと一つになることを願われたのです。それが神様の創造理想でした。(五二—一二六、一九七一・一二・二六)

(二) 人類の始祖アダムとエバ

神様が創造された一男一女は、無形であられる神様の実体対象として現れた息子、娘です。男性は神様のプラス性稟《せいひん》の実体対象であり、女性は神様のマイナス性稟の実体対象です。創造の理念は、陽性と陰性の中和体としていらっしゃる神様の本性相を二つの性に分立したのちに、再び神様の本性相に似た姿に合性一体化することです。一人の男性と一人の女性は、それぞれ神様の一つの性に似て出てきたので、この一男一女の結合は、神様のプラス性稟とマイナス性稟が一つになることです。すなわち神様に似た中和体となるのです。ですから、二人の人間、すなわち夫婦は、神様の全体を表象する結合体です。（九―八三、一九六〇・四・一六）

エデンの園のアダム家庭は、神様が理想とする真の愛の家庭でした。見えない無形の存在全体を表すための創造だったのです。神様と人間は、真の愛を中心として主体と対象の関係でした。神様の心中にある無形の子女、兄弟、夫婦、父母が、真の愛の実体として完成することを望んで、アダムとエバの二人を創造したのです。それは、神様が実体の子女の真の愛の完成を願い、実体家庭の兄弟として、実体の夫婦として、実体の父母として、神様の真の愛の相対完成を願われたからです。（二

五九―四二、一九九四・三・二七)

人間は、神様が無限に愛することによって、永遠に喜びを享受するために創造した、神様の最も近い対象である子女です。このように、神様が人類の始祖として一男一女を造られたのですが、彼らのことを聖書ではアダムとエバと呼びます。絶対的な神様は、真《まこと》の愛の対象であるその一男一女以外に、別の真の愛の対象をつくることはできません。神様の真の愛の対象である人類は、ただ一双の始祖から増え広がっていったのです。(一九〇―三二一、一九八九・六・二三)

人類の始祖は一人の方から始まりました。先祖は一人の方で始まったという、その原則は変わりません。誰が何と言おうと、人間が始まったのは一人の方からです。そのような一人の先祖から始まったというとき、その人類の先祖である一人の父と一人の母から始まったというのです。それでは、その父と母は、何によって一つになるのでしょうか。世の中の人々がもつ欲望のような要件で一つになるのではありません。このお二人の方が一つになれる道は、真の愛しかないというのです。（一九三―一三〇、一九八九・一〇・三）

第二節　真の父母の顕現

アダムとエバは、神様が本当に願う人類の真の先祖、人類の真の父母にならなければなりませんでした。その真の父母の血族として、私たち人類は生まれなければならなかったのです。歴史の出発から存在しなければならなかったのが、人類の真の父母です。その真の父母は、神様の栄光の実体として、人類の前には勝利した永遠の実体として現れなければならなかったのです。それにもかかわらず、アダムとエバは、勝利した実体として現れることができませんでした。これが、今までの悲しい歴史を形成してきた怨恨の基台になったことを、私たちはよく知っています。

それによって天の法度を離れ、自らの実体を失ってしまい、神様の心情を蹂躙《じゅうりん》した私たち人間は、み言《ことば》によって実体を取り戻し、心情の世界を取り戻す復帰の路程をたどってきているというのです。（一四―二三九、一九六五・一・一）

アダムが堕落していなければ、アダムが人類の善の先祖になります。アダムが神様と完全に一つになって完成していれば、家庭も完成し、氏族も完成します。時間さえたてば、すべてが完成していたのですが、人類の先祖であるアダムが堕落したので、それを蕩減《とうげん》復帰するためには、真《まこと》の父母が先祖として来なければなりません。（七二―七五、一九七四・五・一九）

アダムとエバが堕落し、本然の責任を果たせないことによって、神様は真の子女を失い、人類は真の父母をもつことができないという一大悲劇を招きました。その結果として、神様の真の愛と真の父母の理想を具現する実体がなくなってしまったのです。この悲劇的失敗を立て直し、原状を回復するように指導することを目的として、神様は宗教を立てました。したがって、メシヤは、真の父母として、これまで偽りの父母によって植えられていた偽りの根を抜いてしまい、本然の創造理想を復帰するという重大な責任をもってくる方です。（二〇五―一五七、一九九〇・八・一六）

今日の皆さんが知るべきことは、過去、現在、未来において永遠にたたえられ得るその名とは何かということです。それは真の父母です。真の父母がこの地上に顕現したという事実、真の父母がこの地上にいらっしゃるという事実は、何よりも喜ばしい、福音の中の福音です。

今日の邪悪な人間たちを悪が主管することによって、方向を整えることができないまま死亡圏が形成されているこの世界に、真の父母が顕現したことは、韓国の領土を中心とした統一教会の十七年の歴史によって成就されたことではなく、神様の六千年にわたる歴史的な苦労による功績の結実として現れたことなのです。（四四―一三一、

一九七一・五・六）

「真《まこと》の父母」という名が出てくることによって、神様の創造理想世界、エデンの園から出発すべきだった永遠の未来の天国が、ここから出発するのです。その事実は歴史的であり、時代的であり、未来的です。ですから、過去、現在、未来の全体の歴史を見てみるとき、この地上に顕現した真の父母は、宇宙の中心を決定する中心ポイントです。

歴史はここから実を結び、ここから収拾され、ここから出発するのです。歴史がここで実を結ぶために、過去がここで復活するのであり、世界がここで一つの世界に収拾されるのであり、一つの世界が起源となり、新しい天国が成就されるのです。真の父母は人間たちの最高の希望なので、真の父母が顕現すれば、歴史的伝統は、未来で形成されるのではなく、真の父母が顕現した現実圏内で形成されるというのです。（四四─一三二、一九七一・五・六）

真理とは何であり、真理の根本とは何でしょうか。万国の真理は、一人の男性と一人の女性以外にはないのです。全世界の男性を代表する真の男性がいれば、その真の男性の四肢五体が真理です。真理は文字ではありません。真の男性と真の女性が真理なのです。そして、真の真理の父とは、真の愛をもった人です。また、真の愛をもった真理体である真の真理の夫婦が一つになるとき、真の真理の殿堂になるのです。愛を中心として、兄弟と一つになることができ、父母と一つになることができるようになるとき、それが真理体です。（一八二―八一、一九八八・一〇・一四）

アダムは本来、どのような存在として創造されたのでしょうか。人類の真の先祖として創造されたのです。真の先祖とは何でしょうか。人類の本然の真の父母を意味するというのです。統一教会で言う「真の父母」という言葉は、ここから成立します。真の父母は真の先祖です。（七六―九六、一九七五・二・一）

国を立て、民族を立て、氏族を立て、家庭を立てたとしても、国と民族と家庭まで収拾してきたあらゆる苦労を忘れさせる、一つの基準を決定するものにはなり得ません。それは何かというと、家庭でもなく、兄弟でもなく、正に父母です。人類の真《まこと》の始祖の基準がここで決定しなければ、神様の愛が結実しないのです。また、神様が今まで闘ってこられた闘争を終結して、最高の勝利を約束することもできません。そして、神様がこれまで願ってこられた希望の基点も決定できないのです。このように、神様の愛を中心とする家庭を立てるとき、新しく出発できる基点が真の父母なのです。（二五―一二、一九六九・九・二一）

人類の最初の先祖だったアダムとエバは、神様の愛を中心として長子と長女です。娘のエバは最初の娘です。それは、今日の原理で言うアベルやカイン、長子権復帰という、そのような言葉が必要ないのです。長子権復帰が成されています。ですから、その長子が結婚するようになれば、それが真の父母になるのです。また、真の父母は何になるのですか。地上世界の王になるのであり、天上世界の王になるのです。内的な主人が神様であり、外的な主人が私たち人類の最初の先祖であるアダムとエバです。完成したアダムとエバです。真の父母の位置に立ったアダムとエバだということを、論理的に否定できません。それゆえに、人類は、真の愛の皇族から始まるのです。（二二八―二二一、一九九一・七・二九）

第三節　唯一絶対永遠不変の真の父母

㈠唯一無二の真の父母

み旨から見れば、あとから来た人が先祖になり、先に来た人が子孫になります。人類の始祖が六千年目に来るので、その父母の血肉を受けてこそ、本来の正常な軌道になるのです。それでイエス様は、「アブラハムの生れる前からわたしは、いるのである」(ヨハネ八・五八)と言ったのです。それはどういうことでしょうか。イエス様は父母として来たのですが、父母は唯一無二です。人類の先祖は唯一無二だというのです。人類の先祖であり真《まこと》の父母の立場で来たので、み旨を中心として神側から見れば、アブラハムの生まれる前からいたということです。最初に出てきたのですから、先だというのです。その次に出てきたものは、天のプログラム圏内ではすべて認定しません。(一五六—一二三一、一九六六・五・一五)

統一教会の創始者である文某《ムンなにがし》という人は、一般的に言われる何々教会の責任者でもなく、どこかの教主でもありません。真の父母の名をもっているのです。真の父母というものは、二つではありません。一つです。永遠に一つです。(二一〇—三〇六、一九九〇・一二・二七)

原則から見るとき、真の父母が勝利基盤を築くようになっています。それ以外の人は不可能だというのです。釈迦《しゃか》もできず、孔子もできず、誰にもできません。真の父母の名を掲げていけば、すべて退くようになっています。（二五一―四二、一九九三・一〇・一五）

㈡ 実体み言《ことば》としての真の父母

真の父母様は一組だけです。今、この時の一度だけだというのです。過去にもいなかったのであり、未来にもいません。真の父母様が肉身をもって実体で存在するのは、この時だけだというのです。永遠の中でたった一度です。ですから、真の父母様が天の秘密を明確に教えてあげるのです。これは隠された真理です。先生がそのような概念を既に完成させておきました。そのような秘密の概念を教えてあげるまでは、サタンがすべてのものを占領してきました。先生が教えてあげたので、今ではもうすべてのことが明確になったというのです。今は、サタンが先頭に立つことはできません。神様も認めるのです。このまま付いていきさえすれば、完成するのに問題はないというのです。それが真《まこと》の父母様の教えです。（二四六―八四、一九九三・三・二三）

先生は、以前にも存在しなかったのであり、これからも存在しません。永遠にこの時しかいないというのです。真の父母が二組もいることができますか。絶対に一組です。先生が霊界に行けば終わりです。永遠に存在しません。だからといって、この思想がなくなるのでしょうか。そうではありません。先生が教えたあらゆることは、天下の真理として永遠に残るのです。（二二九―一六一、一九九二・四・一一）

真の父母のみ言《ことば》に順応しない人はいません。批評することも容認されないのです。なぜ批評できないのでしょうか。万宇宙が必要とする絶対基準を探し立てておかなければならないからです。愛の基準を立てていく道を、真の父母である先生が歩んでいるのです。それは、皆さんの先祖たちにも必要だったのであり、四十億の人類にも必要であり、これからの皆さんと、皆さんの子孫たちにも必要です。人間世界においては、いつ、どの時代でも、歴史性を備えた希望の基準が真の愛の基準なのです。その基準を批評する人は、この愛の世界で存在することができません。(一四四―六七、一九八六・四・八)

父母から血肉を受け継ぎ、言葉も父母から学ばなければなりません。御飯を食べることも父母から学ばなければならず、行動も父母から学ばなければならないのです。父母から学んだこと以外の行動をすることは、サタンのものです。真の父母から生まれたので、真の父母の言葉と、真の父母の行動と、真の父母の家庭の家法と生活方法を学ばなければなりません。それ以外のものはサタンのものです。このことを皆さんは、はっきりと知らなければなりません。

真《まこと》の父母を抜いては、教育もあってはならず、生活の基盤もあってはなりません。真の父母と完全に一つにならなければならないのです。一つになることとは何かというと、「真の父母の生活が私の生活であり、真の父母の理念が私の理念であり、真の父母の仕事が私の仕事であり、真の父母の愛の圏が私の愛の圏である」、このようにならなければならないということです。（四四―一四二、一九七一・五・六）

天地人真の父母が定着しました。その次には、実体み言《ことば》宣布です。真理の実体、定着した実体が語るその言葉が、宇宙を解放させることのできる言葉です。それが実体み言宣布です。男性なら男性、女性なら女性が、自分の利益を得ようと企てる、そのような思想ではありません。ですから、天地人真の父母が定着したとはどういうことかというと、実体が定着するということです。それで実体み言宣布なのです。（二〇一一・一一・二七）

み言が先でしょうか、実体が先でしょうか。今日の宗教では、実体に関することには確信をもつことができず、律法を重要視するので、実体と律法が一体になるということは、本当に難しいのです。統一教会では、み言が先ではありません。実体があって、その実体が行った事実をみ言で証《あかし》するので、内外が一致し得る内容を知ることができるというのです。（二〇一〇・七・八）

個人で暮らしても、真の父母を中心として暮らし、家庭で暮らしても、真の家庭の伝統を受け継いで暮らしなさいというのです。教会のために生きるときも、真の父母が教会のために生きた、その伝統を手本として生きるのです。国のために生きるときも、真の父母が国のために生きた、その伝統を手本として生きなければなりません。真の父母がみ旨を中心として、世界のために一生を捧げていく歩みをしたならば、それを伝統として、皆さんもそのように生きるのです。真の父母と同じように生きたという立場に立ってこそ、同じ国と同じ世界で、共に幸福を迎えるので

はないかというのです。（四四―一六二、一九七一・五・六）

第四節　真《まこと》の父の使命は、み言《ことば》の解明と真の母の復帰

㈠ み言の解明

堕落の子孫である人類は、自らの力で堕落圏を抜け出すことはできません。このような事態を招いたのはアダムとエバです。悪の先祖によって堕落したので、完成した先祖が来てあらゆることを解明し、誰もが堕落圏から抜け出すことができるよう、その内容を教示しなければなりません。そのように、勝利した主人でなければ、堕落の峠を越えていくことはできません。その方が、結局は再臨主であり、真の父母です。（二五一―一七、一九九三・一〇・一五）

真のみ言をもってきた真の実体として、真の行動をしなければならないイエス様でしたが、その当時、真の実体として認められず、真のみ言を語り尽くすことができず、真の行動をすることができずに逝かれました。ですから、今日の私たちに必要なのは、真の個人はこうであり、真の家庭はこうであり、真の社会、真の国家はこうであり、神様と巡り合う世界はこうであり、その福地はこのような所だと解明してくれ、私たちをそのような方向に導いてくれる実体です。心中の奥深くで思慕していた真を解明してくださらなければならないのが、人類を訪ねてこられる救世主の使命です。（七―八三、一九五九・七・一九）

歴史的な交差路時代において、それぞれの時代の中心人物たちが、全世界の人類を共通の立場で道案内し、交通巡査のように方向を提示しました。それが救世主の使命です。それでは、統一教会では誰がそれをするのですか。先生です。先生が「左に行きなさい」と言えば、左に行かなければなりません。（七五―二二一、一九七五・

一・五)

堕落しなかった場合には、神様の命令にアダムが従えばいいのです。アダムの命令にエバが、エバの命令に長男が、長男の命令に弟が従った場合には、それで済むのです。主体であるプラスの前に、横的に一つになればいいというのです。ですから、アダムの命令をエバが守ればいいのです。エバがアダムの命令と一体になった場合には、相対関係なので、神様の直接命令を受けなくても、完全な完成の立場に立つのです。(一九九三・一二・二〇)

神様の命令をアダムがエバに命令すれば、それで完成されます。エバはアダムの次に、カインと一つになればいいのです。アダムが指示し、コントロールする方向にエバが相対的に合わせていけばいいのです。それは、母を中心として、長男と母が一つになった場合には、父に聞かなくてもよいということです。家庭の規則をそのように定めれば、その規則を子女に言い聞かせるのです。母の言葉と一体となった場合には、父と母の言葉を聞いたことと同じであり、神様の言葉を聞いたことと同じだというのです。（一九九三・一二・二〇）

㈡　真《まこと》の母の復帰

再臨主とは、真の父として来て真の母を取り戻し、真の父母の位置を設定して、失ってしまった神様と一つになる愛の核を設定するために来られる方です。ですから、イエス様が終わりの日に再臨して何をするのかというと、新婦を取り戻すのです。それはどういうことでしょうか。父母を失ってしまったので、父母を取り戻し、夫婦を中心とする愛であり、神様の愛である絶対的起源の核を再び設定しなければなりません。そうしてこそ、そこから堕落した人間世界に広がったあらゆる悲しみと、悲哀と、苦痛と、戦争と病を解消することができるのであって、それ以外のも

のでは解消することができないというのです。（一四〇―二二、一九八六・二・一）

再臨主は、エデンの園で真《まこと》のお父様と真のお母様を失ってしまったので、真のお父様としてこの地に来られて、真のお母様を立て、神様との心情的一体を中心として、血統的一体、血肉の一体を中心とした神様の家庭を立てなければなりません。神様をお迎えして暮らすことができる第一次の家庭がメシヤの家庭です。（二八二―五一、一九九七・三・一〇）

アダムが責任を果たすことができなかったために堕落したので、その責任を完成した基準に立つには、エバを堕落圏から復帰して再創造し、善の娘として立ったという基準に立てなければなりません。そのようにしなければ、アダムの完成圏が復帰できないのです。（一九七二・四・三〇）

第五節　真の父母に侍る生活

㈠ 最高の幸福は真の父母に侍ること

今日の皆さんは、「真の父母」という言葉を語り、「真」という言葉を知っています。この「真の父母」という言葉は、歴史時代に、誰も呼んでみることができず、誰も考えられませんでした。しかし、今日の私たちは、呼ぶことができ、知ることができ、侍ることができる栄光の位置に立っています。このように私たちは、歴史時代の誰よりも幸福な位置に立っているのであり、歴史時代の誰よりも高貴な位置に立っているのです。

自分の人生をすべて犠牲にすることがあっても、真の父母の行く道に同調できる道があるなら、私たち人類にとって、これ以上に幸福なことはありません。真の父母の命令に従って、敵陣に向かって行進する兵士がいるなら、彼は人類が願う最高

の希望の頂上において、天と地が直視し、歴史が注目する神々しい勇士です。（四三―一四四、一九七一・四・二九）

堕落しなかったならば、アダムとエバの息子、娘は、神様をより愛したでしょうか、父母をより愛したでしょうか。父母をより愛したと見なければなりません。神様はそのように見るのです。それで、この地上に真《まこと》の父母が現れなければなりません。ですから、神様よりも真の父母をより愛すれば、自然に神様を愛したことになるのです。家の中で母親の言うことをよく聞いて幸福な家庭を築けば、天国に行くようになっているということです。（一三一―三三二、一九八四・五・一九）

統一教会では、「皆さんは真の父母の息子、娘だ」ということを教えてあげました。そのような話を聞いて駆け寄ってくる皆さんが、たとえ不完全な姿だとしても、先生にとっては子女です。子女は、すべて子女なので、目も鼻もない不完全な子女だとしても、父母は養ってあげなければなりません。手足のない姿だとしても、息をして生きている痕跡さえあれば、子女は子女です。皆さんも、これと同じです。このように皆さんは口を開いて無条件に父母から相続しようとするのですが、真の父母という立場は、そのようなことを解決してあげなければならない道理があるのです。このようなことを考えれば、皆さんは本当に幸福な立場です。（一九—一一〇、一九六七・一二・三一）

今まで人間たちは、未来の統一の世界、一つの世界を求め、未来に希望を抱いて生きてきましたが、真の父母に侍る孝子、孝女にとっては、未来ではありません。その父母と共に、どのように幸せに暮らすかということが問題なのです。それが一番の希望であり、一番の願いであり、一番の欲望です。現実は不幸でありながら、未来の幸福を求めていく所が天国ではないということです。

この滅びる運命の圏内で、世界よりも貴く、国よりも貴く、自分自身よりも高貴なものを中心として、それに陶酔できる境地をもった人であれば、彼は誰よりも幸せな人ではないでしょうか。そのような位置は、何よりも幸せで、歴史上にない幸せな位置ではないかというのです。それが真《まこと》の父母に侍ることができる幸福な一日をもった人です。（五一―二三六、一九七一・一一・二八）

神様と最高の人に侍ることができ、最高の父母に侍ることができる、その位置以上にもっと良いものがどこにあるでしょうか。私たちの最高の願いとは何かというと、神様と失ってしまった真の父母をお迎えし、天の愛のもとで、その平和の場で、その父母の膝下で永遠に暮らすことです。それが私たちの最高の幸福です。（一五一―二〇四、一九六二・一二・一五）

㈡ 真の父母に侍る子女

完成時代は子女の時代なので、父母に侍らなければなりません。父母が苦労しているのに、自分ばかり楽をしようとするのは親不孝者です。父母の苦労を代わりに自分が責任をもとうとしてこそ、父母を守護することになるのです。（五二―一三五、一九七二・一・二）

皆さんが相続すべきものは、真の父母様の伝統です。どんなに精誠を捧げたとしても、自分勝手に精誠を捧げてはいけません。摂理史的観点を通して、公式的観点を通して精誠を捧げなければなりません。（二八二―四九、一九九七・三・一〇）

父母から「やりなさい」と命令されてやるのではなく、自分の意志によってやり、父母の心を知って、その理想に対しても責任を果たそうと立ち上がることのできる子女が現れなければなりません。そうして初めて、全人類のお父様として復帰摂理全体に責任を負った神様の秘密を相続させることのできる基盤が、地上に立てられ

るようになるのです。（二一九―九六、一九七〇・二・二五）

孝子は、百年たとうと千年たとうと、父母を離れてはいけません。「一緒にいたい！」と思わなければなりません。父母に「できるならば、千年、万年一緒にいたい！」と思わせる、そのような父母の心を引きつける子女でなければ、孝子ではありません。父母の愛には、いくらなっていない子女でも、「その子と一緒にいたい」という思いがあるのです。（一四七―二九二、一九八六・一〇・一）

孝子になろうとすれば、父母の心の方向と常に一致していなければなりません。孝子の道を行く人は、父母とかけ離れた行動をする人ではありません。父母が東に行けば東に行かなければならず、父母が西に行けば西に行かなければなりません。行く目的を提示したのちに、行く途中で回れ右をすれば、一緒に回れ右しなければなりません。そこに異議があってはなりません。十度行き、十度回れ右をしたとしても、また回れ右して従っていかなければなりません。反抗すれば、孝子の道理を最後まで守ることはできません。（六二―三二、一九七二・九・一〇）

第二章

真の母を再創造された真のお父様

第一節　真《まこと》のお母様の勝利された路程

㈠ 聖婚式の背景

神様と一つになる位置に、父だけがいてよいでしょうか。ですから、何をしなければならないかというと、母を再創造しなければならないので、神様が天使世界をつくったように、母を造る前に天使世界をつくらなければなりません。それで、統一教会は天使世界と同じだというのです。統一教会が天使世界と同じ立場に立ち、神様を思慕しなければなりません。これが一九六〇年以前の統一教会です。（七二—一九三、一九七四・六・一六）

一九四五年からプラス十四年で一九六〇年です。十四年は蘇生《そせい》と長成の期間です。

イエス様の時代が長成級なので、イエス様が国家的に迫害を受けたことを、十四年間で蕩滅《とうげん》しなければなりません。蕩滅して越えていかなければならないのです。そのようにして十四年間で蕩滅したので、一九六〇年にお母様を迎えたのです。

それでは、この十四年の間に何をしたのでしょうか。霊的にイエス様の腹中に入っていったように、統一教会のすべての女性たちが聖霊を代表して先生の腹中に入っていこうとします。イエス様の時と同じことが起きるのです。先生と一つになろうとするので、自分の息子、娘と自分の家庭を忘れて先生のことしか見えなくなります。そのような春の風が吹く役事を経て、父の中に入っていかなければなりません。サタン側の父から生まれたので、霊的にでも本然の完成したアダムの位置を求めていかなければならないのです。

それで、女性を代表した人たちが先生の新婦候補者になり、先生が結婚する前に腹中に入っていき、十代から八十代までの七十年にわたる女性たちを、すべてお母様が受け継ぐようにするのです。（二三五―二五三、一九九二・九・二〇）

解放以降、十四年を経て聖婚式をしましたが、統一教会に反対する環境の中で闘いながら聖婚式をするようになりました。なぜそのようになったのでしょうか。イエス様が十字架で亡くなることによって、霊肉の復活をもたらすことができなかったからです。霊的復活はもたらしましたが、肉的復活をもたらすことができませんでした。霊的救援摂理の道理は立てたのですが、肉的救援摂理の道理を立てることができなかったので、半分に分かれたのです。

ですから、イエス様が失敗したすべてのことを収拾しようとすれば、霊的な世界のあらゆる版図を天から引き継いで地上世界に現れ、サタン世界と対決しながら前進しなければならない過程が残っているので、一大激戦をしながら聖婚式を行ったというのです。アダムとエバが長成期完成級で堕落したので、長成期完成級までの十四年の基準を中心として霊的基盤を引き継ぎ、実体基盤拡大のための闘争路程を経ていくのです。(一九六一二一三、一九九〇・一・一)

聖婚式をすれば、サタンにとって何が一番の問題になるかというと、この地上に神様を中心とする真《まこと》の父母が生まれることです。歴史始まって以来、悪の父母は生まれたことがありましたが、神様を中心とする善の父母の基準がこの地上に設定されていなかったので、これが設定される日には、サタンは歴史始まって以来、人類を支配してきたすべてのものを奪われてしまいます。平面途上において、これが本格的に浸食されるので、サタン勢力は反旗を翻して全力で迫害せざるを得ないのです。（一九六一二二三、一九九〇・一・二）

一九五三年から六〇年までの準備の期間は、迫害の時期でした。そこには、少なくとも三百六十万以上の人が迫害の旗を立て、教派としては三つ以上、そして、その時代の国家としては三主権以上の数多くの迫害のまっただ中に置かれ、それでも勝利の圏内に蕩減《とうげん》条件を立たせ得たのが、一九六〇年の先生の聖婚式でした。これが、統一教会の運命を決定した最初の日です。これは、この地上における記念すべき世界的、天宙的大事件でした。世界的基準における縦的蕩減《とうげん》条件を、横的にこの地上で解決する実体として、霊肉共に勝利の基準を立てたということになるのです。(二二—一八九、一九六九・二・二)

(二) 一九六〇年の聖婚式

アダムとエバが神様を中心として、絶対的に一つになれる愛の理想を備え、それが再び分けようにも分けることができない位置にまで行き、直接主管圏内で神様を中心とする家庭、愛を中心とする一つの家庭基盤をつくったなら、その基盤から天地が合徳(和合)し、男性と女性が合徳します。その新しい愛の基盤、新しい生命の基盤、新しい血統の基盤を中心として、平面的に拡大した理念が四方に成立するのです。そのような基盤を成し遂げるためのものが聖婚式です。(一九六—一二三、一九九〇・

（一・二）

一九六〇年に家庭を立てたのは何のためでしょうか。アダムとエバが神様の心情を知らずに堕落した、その堕落直前の心情基準以上の心情をもった真《まこと》の父母を立て、そこに連結させるためです。そこに連結させなければ、堕落圏内の心情基準の人たちは復帰されません。言い換えれば、アダムとエバが父母の関係を目指して成長してきた、その心情の基準まで連結させることができる真の父母を立てておかなければ、この地上の人間たちを復帰できる道がないのです。そのようにして、長成期完成級で堕落したその基準を越え、完成級の出発基準をもつことができる父母の心情基盤を、この地上に準備したのが一九六〇年の聖婚式です。（一五九―一四六、一九六八・三・七）

一九六〇年の聖婚式は、どれほど歴史的な出来事だったでしょうか。今までの六千年間の摂理歴史時代において、アダム一人を復帰するために苦労した、その基盤の上に、アダムが地上に基準を立て、エバを「完成したエバ」として迎え入れることとは、霊界と肉界に分かれていたものが、ついに地上世界で連結されるということです。男性は天の代身であり、女性は地の代身です。分かれていた霊界と肉界が連結されるのです。アダムとエバの間にあった怨讐《おんしゅう》の壁が崩れ、アダムとエバと神様が出会うことを妨げていたその壁が崩れるのです。それは、サタンが抜けていくということです。（一二二—九五、一九八二・一一・一）

㈢聖婚式後の七年路程

先生は、個人的な勝利の基盤を築いて民族の限界線を越えてきましたが、お母様はそうではないので、お母様を再創造しなければなりません。これが第一次七年路程です。第一次七年路程は、相対的な立場にいるお母様を中心として再び育てる期間です。エバはアダムを通して創造されました。したがって、アダムはエバを創造しなければなりません。（七八―一七二、一九七五・五・八）

お母様を迎えて、すぐに先生の家に入れれば、どんなことが起きるか分かりません。それで、結婚したお母様を三年間、他の家にいるようにさせたのです。なぜそのようにするのか、お母様は分かりません。その理由をお母様に教えないのです。どこかに行くときはお母様を連れていかなければなりませんが、連れていかなかったのです。他の人たちを連れて歩き、お母様には無関心であるかのように振る舞わなければなりませんでした。（二三五―二五三、一九九二・九・二〇）

お母様がアベルの立場にいるので、先生はそのアベルを犠牲にしてカインを愛さなければならないのです。自然屈伏できるようにしなければなりません。仕え、ために生き、いくら不平を言っても反駁《はんばく》せず、消化できなければならないのです。それは、「お母様さえいなければ、自分の孫娘が先生の伴侶になれる」と考えて、ありとあらゆることをしながら、祖母、母、娘の三代が一つになって多くの群れが互いに争っているので、お母様が過ちを犯せば問題が生じるからです。先生がお母様と歩いていると、道を塞いでお母様を押しのけ、自分が先生と一緒に行こうとする、そのようなこともありました。そのような人に対して「このようなことをしてはいけない」と勧告して、自然に退くようにしなければなりません。（二四四―一九五、一九九三・二・七）

お母様と先生が一緒にいる部屋に入ってきて、お母様を隅の方に押しのけ、「これは私の席だ。私の席を奪っていったこの女！」と大騒ぎするのです。物をすべてひっくり返す、このようなことが起きるというのです。世の中で起きるあらゆることがすべて起きます。愛する人を奪った人に対するすべての憎悪心をお母様に浴びせるのです。その時、先生は何も言いません。沈黙です。その代わりに、お母様と約束しました。「結婚した時に約束したことは間違いなく守るから、このようなときは私の後ろにしっかりつかまって付いてきなさい」と言ったのです。

お母様は、先生と同じようにしなければならないのであって、自分勝手にすれば讒訴《ざんそ》されます。先生が一歩進めば一歩付いていく、そのように先生の言うとおりにしてこそ、誰も讒訴できません。先生のことは讒訴できないので、そのようにしなければならないというのです。お母様を讒訴しようとすれば、私を讒訴しなければなりません。ですから、先生の影のように付いてこなければなりません。このような伝統を立てて、女性たちが行く道を築かなければならないのです。（二四四―一九五、一九九三・二・七）

純真無垢《むく》な女性を、すべての女性たちの上に立てようとするのですから、先生が一人で教育しなければなりません。「不満を言ってはいけない。立派な夫を迎えようとすれば、立派に教育を受けなければならない」と言いました。結婚したからといって、「自分と一緒に暮らしてくれない」と不満を言えば、大変なことになるというのです。それで、「先生を双子の兄のように考えなさい。そして、父のように考えなさい」と教育しました。

周りの人たちを収拾するには、その人たちを感動させて、彼女らが自ら屈服するようにしなければなりません。自然屈伏です。先生が命令して一日ですべて追い出せばよいのですが、それではいけません。自分たちがお母様の前で涙を流しながら、「私が間違っていました」と言って、お母様に侍るようにならなければ、その家庭が平和の基地を得ることはできません。そのようにするのに三年半かかりました。

年を取った女性たちがそのようにしないので、学生たちが母のような、祖母のような年齢の女性たちに、「お父様と一つになってお母様になったのですから、いくら年上の人でも尊敬しなければならないのではないですか」と駆け寄ってきて訴えるのです。そのようにして数年が過ぎると、先生に「お母様を連れてきてください」と言うようになります。そのような雰囲気になり、すべてが歓迎する立場になって、

初めてお母様と一緒に暮らすようになりました。（二五八―三二九、一九九四・三・二〇）

三年間はどれほど孤独だったでしょうか。「独守空房《トクスコンバン》（結婚した女性が独りで寝ること）」です。夫は他の女性たちに包囲されて身動きできません。先生が環境をつくってあげなければならないのです。ですから、どれほど唖然《あぜん》とするでしょうか。それで、洪《ホン》（順愛《スネ》）ハルモニを通して毎日、霊界のプログラムを見せてくれるのです。「今お父様が何をしていて、きょうはこのようなことが起きる」と教えてくれます。それがそのとおりになるので、そのおばあさんを信じて杖《つえ》のように頼り、ふらふらしながら付いてきたお母様の路程があったことを知らなければなりません。

そして、八十代から十代の女性たちがお母様に侍ったのちに、先生が収拾してあげなければなりません。彼女たちを呼んできて、原理を中心として、「再臨主が来てエバを決めるようになっているのであって、エバがアダムを決めることはできない」と教えてあげたのです。エバがアダムを決めたことが堕落です。エバが主人になって逆さまにアダムを支配したというのです。女性が新郎を決めるのではなく、新郎が女性を決めるものだと、原理的にそのおばあさんたちを教育しました。そのようにすると、「間違っていたことが分かりました」と言ったのです。

ところが、習慣性が問題です。一度だけではなく、何度も同じことを繰り返します。ですから、自分でも気づかないうちに、再びエバがアダムを逆さまに支配したのと同じような行動をするのです。一次、二次、三次と、先生が血涙を流して訓戒することを通して、平定基盤を築いてきたことを知らなければなりません。(二六四―五七、一九九四・一〇・九)

お母様が立派なことは、自分の父親以上にお父様を信じようとしたことです。自分の祖父以上、父親以上、兄以上に、一〇〇パーセント私を信じてきました。それが立派なのです。こうして壁を越え、谷間を経てきながら定着してきました。男性が勝利したのちには、女性が勝利しなければなりません。反対する社会や国家に対して、七年期間を中心としてその過程を経ていきました。その期間に設定された日が「父母の日」、「子女の日」、「万物の日」、「神の日」です。

「神の日」とは何か分かりますか。世の中が反対しても、何がどうであっても、お母様の夫に対する心は変わらないというのです。死んでも生きても、夫が行く道を行こうということに変わりがないのです。いくら国が反対し、いくら命を奪われるようなことがあっても、それを覚悟していくのです。信じることができない立場でエバが堕落したので、神様が信じることができる立場に立たなければならず、また神様が信じることができる立場とともに、夫が一〇〇パーセント信じることができる立場に立たなければなりません。

エバがアダムを堕落させたために、女性は、神様が一〇〇パーセント信じることができない立場で歴史を経てきたのですが、神様が一〇〇パーセント信じ、夫が一〇〇パーセント信じる女性が初めて現れることによって、「神の日」を設定することができたのです。それが一九六八年です。家庭を中心としてエバが長成期完成級で堕落したことを復帰するために、七年の過程を経て八年目を迎えるとき、完成期の夫婦の資格を備えてこの地上に現れることができました。（一一三―一三八、一九八一・五・一）

㈣ 聖婚式後の二十一年路程

①第二次、第三次七年路程

統一教会の先生を中心として、一九六〇年度に三次七年路程を設定しました。三次七年路程を設定し、この期間にどのようなことをするのでしょうか。キリスト教が二千年間発展してきた基盤の上に、この二十年間を中心として、今まで一つだった霊肉がここで争うようになりました。これは、イエス様が死ぬことによって、霊的基盤の上で実体が犠牲になったので、一つにならずに争う基盤が残っているということです。ですから、キリスト教が霊的基盤の上に立ったのなら、統一教会は霊肉を一体化させることができる基盤をつかまなければなりません。（一〇〇―二七〇、一九七八・一〇・二二）

先生は、旧約的四千年期間を四十年で蕩減《とうげん》し、そして二十年間で新約的世界版図を完結させるのです。そうすれば、霊肉を中心とする世界天使長圏を完結させるのです。霊肉を備えたものはアダム世界であって、本来天使世界は霊肉を備えた所がありません。このため、これを引き継いで新しい天国に越えていくのです。ですから、二十年の歴史とは何でしょうか。キリスト教文化圏を連結させる期間です。三次の七年路程（一九六〇年～一九八〇年）は、そこに向かう道を築いていく期間なのです。霊的な二千年の過程を、霊肉を中心として二十年で蕩減復帰するための期間だということです。（一一二―一〇八、一九八二・一一・二）

アメリカはキリスト教を代表する世界版図であり、全世界のキリスト教の結実国家なので、そこにおいてあらゆる闘争を三年半の期間に行いました。すなわち、一九七三年の三月以降から一九七六年の九月まで、三年半の闘争期間を通して勝利の立て札を立てることによって、統一教会は、霊肉を中心として世界史的な勝利の基盤を成し遂げるようになりました。(一〇〇—二七〇、一九七八・一〇・二二)

ヤンキー・スタジアム大会からワシントン大会を勝利することによって、アメリカ全域と全世界の基盤の上に勝利の旗を立てました。これは、世界史的な霊肉復帰の基準が設定されたということです。

その期間は、イエス様の四十日復活期間に相当する期間です。その期間に先生は、それこそ形容し難い深刻な時だったというのです。イエス様が勝利することによって昇天したのと同じように、レバレンド・ムーンもワシントン大会を勝利することによって、すべてのことが決定されたのです。

そうすることによって、霊界と肉界を完全に一つにして、今まで遮られていた宗教と民族と国家の間を開いておきました。天と地をすべて連結したのです。それで、霊界の霊人たちが、地上のどこにでも自由に再臨できる基盤が築かれました。（九一―二六一、一九七七・二・二三）

②「天勝日」と「天地勝利の日」

先生が今死んでも、み旨はすべて成し遂げられるというのです。そのような勝利の基盤を中心として、一九七六年十月四日に「天勝日」を宣布しました。天が勝ったという勝利の一日を設定したのです。その日は、天の喜びであり、地の喜びにならなければなりません。また、先生の喜びであり、統一教会の家庭の喜びであり、皆さんの喜びにならなければなりません。

それで、一九七七年二月二十日（アメリカ時間）、陰暦の一月三日に七十四双の祝福結婚式を行いました。天が喜び、地が喜び、統一教会の先生も喜び、祝福家庭も喜び、皆さんも喜ぶ、このような式を終えた三日後がきょう（一九七七年二月二十三日「天地勝利の日」）です。お母様が三十四歳を迎え、三十三歳を超えてから最初の誕生日です。イエス様が願っていたことは何でしょうか。三十四歳の誕生日を天と共に喜んで迎えたい、これがイエス様の願いではなかったでしょうか。ですから、きょうという日は、そのようなことを地上でお母様を通して蕩減《とうげん》できる、その条件が立つ日なのです。（九一―二六一、一九七七・二・二三）

統一教会では、一九七七年二月二十三日を中心として、初めて公式的に天がサタン世界に対して攻勢に転じることができる歴史的転換時期を、この地上に打ち立てたというのです。それは先生が成し遂げた路程です。私には、世界のキリスト教文化圏に代わり得る基盤が、公式的にすべて備えられたということです。（一二九―二二〇、一九八三・一一・五）

③真《まこと》のお母様の勝利

ヤコブを中心として見るとき、ヤコブの十二人の息子を中心としてエジプトに下っていくとき、七十二人です。モーセを中心として見ても、十二支派と七十二長老です。イエス様を中心として見ても、十二弟子と七十二門徒です。先生の時代も同じです。先生もお母様を中心として十二人の子女を生まなければならないという根拠がここから出てきます。十二人の子女をもたなければならないのです。二十年の過程で、それがすべて展開するのです。そして、これが三代を中心として七十二人以上になります。（一〇六―七五、一九七九・一二・九）

イエス様の十二弟子が一つになれずにどのようにしましたか。結局は、イエス様を売ってしまいました。なぜでしょうか。別々の氏族で結ばれた兄弟圏が問題でした。ヤコブ家庭では、四人の女性たちが生んだ息子、娘だったために問題になったのです。先生の時代にその問題を克服するためには、二十年以内に十二人以上の息子、娘を生まなければ、母の使命が不可能になるというのです。それで若いお母様を連れてきたのです。(二四七―二五五、一九九三・五・九)

お母様は、子女を十二人以上生まなければなりませんでした。二十年間で生むことができずに、他の母親を通して十二支派を編成すれば、どうなるでしょうか。ですから、二十年間で十二人以上生んだという事実は、驚くべきことです。三次の七年路程で、そのような役事が展開したのです。(一六三―二六一、一九八七・五・一)

㈤ 世界的、天宙的長子権復帰

①八定式

一九八九年八月三十一日に、長子権復帰の時代を迎え、勝利的立場で父母に侍ることができるようになりました。ですから、父母の愛によって、兄弟が誤ったすべての歴史時代の人間たちを赦《ゆる》してあげるというのです。

長子権が復帰されて、父母様が抱くことのできる父母の愛の圏内にいるために、長子権復帰のための歴史時代の戦争史、闘争史がなくなったのです。そして蕩減《とうげん》が必要でなく、愛で和合できる時代圏に入ってきたというのです。そのために八定式が行われました。その次には、父母容赦圏時代が来ます。それで、「愛援摂理時代」を宣布したのです。救援摂理ではありません。愛で援助する時代です。（一九三―一七三、一九八九・一〇・三）

八定式は八月の最後の日ですが、貴重な日です。個人時代、家庭時代、氏族時代、民族時代、国家時代、世界時代、天宙時代、神様までの八段階と、血統的復帰の基準で僕《しもべ》の僕《しもべ》の時代から上がっていきます。真《まこと》の父母が出てくることによって、真の父母を中心として一つになって世界に定着するということが始まるのです。そのため、八定式は重要な行事です。

ですから、コディアクというのは出発の基準です。ソ連とアメリカを中心とする境界線なのですが、島国のような所です。海から始まり、半島を通して陸地に上がり、初めて世界的な出発をしたのです。僕の僕の時代から僕、養子、庶子、直系子女、夫婦、父母、神様までの八段階を中心として、それが内外で蕩減《とうげん》されて縦横に接触することによって「真の父母主義（天父主義）」が九月一日に宣布されたのです。

（五九六―二四二、二〇〇八・八・三一）

アラスカのコディアクという、北極星と近い、最も高い所で八定式をしました。天の国と地上の地獄を縦横に塞いでいたあらゆる壁を崩し、人間世界にある個人、家庭、氏族、民族、国家、世界、天宙までのあらゆる壁を、すべて崩して片づけるのです。この壁によって塞がれている限り、サタンが寓居《ぐうきょ》できる地になります。霊界から地上世界に寓居するサタンに、「お前は私に世界的に反対した。私はお前よりも人類を愛し、人類に正しい神様の天道を教えてあげたが、お前は人類に敗亡の道理を教え、滅亡の道へと引っ張っていた」と告げることによって、サタンが愛の主導権の前に頭を下げるのです。（一九三一二九九、一九八九・一〇・八）

神様には女性がいません。神様の世界には女性がいないのです。八定式をしたのは、神様の復帰摂理が、僕の僕から僕、養子、庶子、直系子女、夫婦、父母を経て神様までの八段階を経ていかなければならないからです。これが女性を取り戻してくる論理です。

新郎である主がこの地上に生まれ、勝利した女性を取り戻してこなければならないのですが、アベルがアダムの代わりに取り戻してくるのです。何千年かけても、アダム理想が完成し、新郎のみ旨が成し遂げられるためには、地上に世界統一圏を備えた新婦圏の基盤がなければならないのです。そのような基盤をもたなければ、勝利した新郎として地上に現れることができません。国家圏で勝利したとしても、世界圏のサタンがしがみついてたたき潰そうとするのです。ですから、世界解放圏を越えていくことができる時まで、新郎を準備しながら新婦圏も備えなければなりません。（二四二―二四三、一九九三・一・二）

②モスクワ大会（世界言論人会議）

昨日、私はゴルバチョフ大統領と意義ある会談をもちました。私は彼に、彼の平和の計画をあらゆる形で助けると約束しました。またゴルバチョフ大統領に、「ソ連の成功の秘訣《ひけつ》は、神様をすべての中心に置くことだ」と告げました。神様が彼に味方する時に、初めて使命を果たすことができるのです。

私は宗教的指導者として、神様を中心とする世界観は発展をもたらし、人間のみを中心とする無神論は最後に破滅と破壊をもたらすことを常に信じてきました。これは東西を問わず、普遍的な真理です。皆様が、この原理と一体になるよう心から希望します。ソ連におけるグラスノスチ、ペレストロイカを支援する道を共に歩みましょう。永続する世界平和のために共に働きましょう。（一九九〇・四・一二）

③朝鮮民主主義人民共和国訪問

私は今回、妻と共に北朝鮮政府の招請を受けて、平壌《ピョンヤン》を訪問することになりました。これは、私が北朝鮮を最後に離れた一九五〇年十二月から、満四十年と十一カ月ぶりに実現した歴史的機会でした。

私は、北朝鮮に対して恨《ハン》が多いと言えば、誰よりも多い人間です。私は、宗教指導者であることと、一貫した反共の信念のため、北朝鮮政権から到底語ることのできない迫害を受けた者です。また、到底形容できない拷問を受けながら、三年近く興南《フンナム》で監獄生活をする中で、多くの罪なき囚人たちが死んでいくのを見ました。私が今日、健在なのは、一つの驚くべき奇跡であり、ただ神様の特別な加護と恩賜によるものであると思います。しかし今回、私は統一教会の創始者として、真《まこと》の愛の精神で北朝鮮に行ってきました。(二二四―二五二、一九九一・一二・七)

今日、私たちの課題は、祖国統一です。これは私たちの宿命であり、私たちが生涯をかけて成し遂げなければならない終生の聖業です。私は、今まで神様のみ旨に従って統一の聖業を成し遂げる一念で生き、残りの人生もひたすら神様のみ旨を成し遂げる一念で生きていくつもりです。統一を念願する韓国と北朝鮮の七千万同胞のすべてが、これから葛藤と闘争を終息させ、和解と愛で、民族の同質性を回復することに、民族を挙げて取り組んでくださることを願う次第です。「剣や槍《やり》を溶かして、すきとかまを作る」時が今であると考え、統一祖国の明るい新世紀を迎える準備を急がなければなりません。(二二四―二五五、一九九一・一二・七)

④神様祝福永遠宣布式（七・一節）

人間に与えられた神様の祝福は、未完成のまま今日まで延長されてきました。ですから、いつの日にか救いの摂理を通じて約束の祝福を成就することが、人類歴史を通じた神様の希望でした。神様の祝福を再び活かして永遠の祝福として立てておかなければ、人類の永遠の理想世界を求めることはできないのです。（二三二—七、一九九二・七・一）

人類の偽りの父母が生じたことによって、神様の永遠の祝福が成就できませんでした。これを蕩減《とうげん》復帰するためには、人類の真の父母が現れてこのすべてを清算し、「永遠の神様の祝福万歳を叫ぶことのできる位置に立ちました」と宣布できるようにならなければなりません。ですから、神様の永遠の祝福を再度宣布したのです。

（二三三―七、一九九二・七・一）

(六) 世界的、天宙的父母権復帰

①世界的な真《まこと》の母復帰

今まで、たった一人の男性であるアダムを造るために、数千年の時間がかかったのですが、完成した男性、完成した女性がいませんでした。完成した男性、完成したアダムが出てくれば、そこから完成したエバが出てくるのです。この世界に完成したアダムが出てくれば、完成したエバも出現できるというのです。今、先生がその位置に立ちました。先生は、横的にそのような水準に立っているのです。そのことを全世界にすべて宣布しました。これから女性世界は、この宣布時代に合わせて解放を迎えるのです。（二三〇―一二〇、一九九二・四・二六）

アダムを中心として女性を創造した時と同じように、天の男性を中心として女性を再創造するのです。個人的女性完成圏、家庭的女性完成圏、氏族的、民族的、国家的、世界的女性完成圏を代表した一人を中心として創造するのです。それを成し遂げてこられた方がお母様です。先生のあとにぴったりとくっ付いてきたのです。お母様は先生の後ろに隠れていて、先生が闘ったのです。堕落によって主管性を転倒したので、アダムが責任を負わなければなりません。兄が責任を果たしたのちに従っていくのが妹の道であり、娘の道です。（二三二—二八、一九九二・七・一）

韓国の女性と日本の女性を連結させて戻ってくることができる時になったので、アジア平和女性連合を通して、日本の女性と韓国の女性たちが一つになりました。国家を超え、お母様を中心としてアベル・カインの基準を三次目に立てたのです。二つの国の女性たちが、統一圏をもったお母様を中心として、母になれる代表的基準に立ったので、アジア平和女性連合を中心として、世界平和女性連合の創設が可能なのです。お母様は今まで先生の後ろに従ってきたのですが、これを宣布することによって、初めてエバ権が立ち、父母権が立ったのです。(二二九―三四三、一九九二・四・一三)

お母様が日本に行って、エバ国家の責任を果たすことができる道を開くのです。日本と韓国は、一つにならなければなりません。お母様はエバの代表です。日本の伝統的精髄をもって父母に侍ることができる娘として、夫に侍ることのできる妻として立たなければならないことをお母様が見せてあげ、教えてあげるのです。それで、そのような使命をもって出発したのです。

ですから、今からお母様が教育をしなければなりません。お母様の家法を中心とした情緒的思想の伝統を立てなければなりません。お母様にはその責任があるので、先生に代わって日本に行ったのです。(二二九―三三九、一九九一・一〇・一三)

②女性解放

日本を中心として、一九九一年九月十七日から大会を行い、韓国において、十月三十一日に「アジア平和女性連合創設大会」を行いました。その時から六カ月、七カ月以内に世界大会まで終えなければなりません。お母様がこの三度の講演をすることによって、先生の横に立ったというのです。天の国に入っていくときは、二人で一緒に入っていかなければなりません。（二二九―三二二、一九九二・四・一三）

お母様の腹中に入っていって、先生とお母様が愛する位置で一体化しなければなりません。ですから、愛の本宮、生命の本宮、血統の本宮、羊膜と胎盤の本宮になっているその器官を通して一つとなり、一体になることを体恤《たいじゅつ》することによって、堕落していない結婚前のアダムの骨肉に潜在していた子女の種と接ぎ木される条件

になるのです。（二五〇―五二、一九九三・一〇・一一）

千六百年以上怨讐《おんしゅう》視してきたキリスト教とイスラームが一つになるということは、夢にも考えられずにいますが、これを一つにしなければならないのです。それで、今回、先生がお母様と共に祝福（一九九二年四月十日）してあげました。イエス様が死ぬことによって母を取り戻せなかったので、今回、祝宴とともにそれを合わせておきました。イエス様の復活圏です。それは国家基準です。ローマを踏み越え、世界的な版図の上で再び生き、二千年の歴史を超越した勝利的版図を固めて救い、お母様を世界的エバ圏に立てたのです。今まではお母様が後ろから付いてきましたが、これからは横に立つことができる時になったので、女性解放時代が訪れるのです。（二二〇―五四、一九九二・四・一五）

③真《まこと》の父母宣布

堕落することによって、四大心情圏と三大王権を失ってしまったので、真の父母の名を中心として、解放された立場で、第二次世界大戦以降のあらゆる事実を、四十七年という期間をおいて再蕩減《とうげん》し、この位置まで来ました。お母様が今まで理解し難い立場で、生涯にわたって内的に孤独な心情の道を歩んできたのも、この日に備えるためであり、宿命的な使命を準備するためでした。

今、一九九二年を迎え、四月から「世界平和女性連合」を中心として、お母様が総裁の名をもち、世界の女性解放とともに、万民の家庭を天のみ前で抱くことのできる父母が顕現しました。この事実を中心として、八月にはメシヤを宣布し、真の父母を宣布し、救世主を宣布し、再臨主を宣布しました。そうすることによって、中心がなく、希望の基盤がない混乱した家庭と国の環境に、一つの軸を備えることができる摂理史的な定着時代を設定しました。（二四一―二四九、一九九二・一二・二六、祈祷）

キリスト教文化圏であるアメリカを失ってしまったので、アメリカと自由世界を復帰しなければなりません。それが「真《まこと》の父母宣布」と「成約時代宣布」です。第二次世界大戦後のエバ国家、新婦国家はキリスト教文化圏です。再臨主がそれを完成しなければならなかったのですが、完成することができずに追放されたので、四十年を中心として、イエス様が国家基準で失ってしまった洗礼ヨハネの基盤を再び築いたのと同じように、天宙時代を中心として、洗礼ヨハネの立場に立ったのです。

一つにならなければならないキリスト教が反対したために、先生は四十年間、洗礼ヨハネが成し遂げることができず、キリスト教が失敗したその基準を再び蕩減《とうげん》復帰しなければなりません。それをしなければ、新婦を探し立てる道がないのです。四十年間で洗礼ヨハネの失敗を完璧に復帰し、キリスト教文化圏を完全に復帰して、アメリカを収拾するのです。アメリカをサタンから奪い返すというのです。それで、お母様がアメリカの国会に行って「真の父母と成約時代」を宣布し、国連にまで行って宣布するのです。国連は自由世界の代表です。新婦の基台を失ってしまったので、お母様が新婦の立場に立ってアメリカと一体になり、国会と一体になり、自由世界と一体にならなければなりません。それで、国連の会議場で堂々と真の父母を宣布したのですが、反対がありませんでした。そこで「真の父母と成約時代」をはっきりと宣布したことに対して、全員が感動し、拍手したというのです。（二四九―一〇九、一九九三・一〇・八）

世界の四十年頂上圏に近づく三年前から、先生が準備してきたことは、お母様の世界登場です。お母様をいかなる女王にも優る立場に立たせなければならないので、世界各国の首相の案内により四十カ国（一九九三・一一・二一〜一二・二二）と韓国の四十カ都市（一九九三・一〇・四〜三二）で講演したのです。そして、韓国のカイン・アベルの青年層をまとめることで、韓国の二世が父母の懐に抱かれることになりました。相対的に世界四十カ国が抱かれた場合には、天的な運勢が世界的に回るので、先生を中心として、韓半島の運勢も自動的に引っ張られていくのです。

そのようなことをすべて蕩滅《とうげん》し、その勝利圏でイギリスを中心とするカイン・アベルの国家を一つにすることによって、偽りの父母が失ったものを取り戻してきました。そして、平面的に天使長がエバを堕落させたので、今度はエバが天使長圏を屈服させてきたのです。ですから、平面的にカイン・アベルの国家が父母と一体になりました。

しかし、東洋に帰るには、日本の国にまだ母の基台が立っていません。それで三年前から準備し、東京ドームを中心として、お母様が日本全国二十七カ都市（一九九三・九・一一～三〇）に基盤をつくっておいたのです。どんなに反対されている渦中でも、お母様が壇上に立つと会場全体が静まってしまいました。それはなぜかというと、世界的影響圏をもっているお母様を歓迎すべきだということが、全世界の大使館を通して報告として入っているからです。ですから、もし反対した場合には、世界の野蛮な国家、悪辣な国家であると烙印《らくいん》を押されることを知っているので、どうしても歓迎することに歩調を合わせなければならないのです。

東京から日本全国へと、女性たちを結集させることによって、エバ国家の勝利基準が条件的に立ったので、その上にお母様と一つになった先生が立つようになりました。（一九九五・一・一九）

④サタン屈服と男女平等圏時代の到来

二〇〇〇年までの七年間、女性たちを立てて世界が向かう方向を提示しなければなりません。第二次世界大戦後に、キリスト教文化を中心として、新婦であるキリスト教文化圏が新郎である再臨主を迎え入れることができなかったので、それを蕩減復帰する七年路程が残っているのです。二〇〇〇年までの七年間に、再臨主を迎え入れて世界が向かう方向を設定して、一つの世界にしなければなりません。一九四五年から一九五二年までの七年間に成し遂げようとしていたことが失敗したので、蕩減《とうげん》復帰期間が残っています。この期間にお母様を中心として、女性運動を大々的、かつ全面的に世界に拡張させていかなければなりません。(二五二―一九三、一九九三・一二・三〇)

統一教会は、祝福基盤の十二の峠を越えてきました。最初は三家庭です。その次は三十六家庭、その次は七十二家庭、百二十四家庭、四百三十家庭、七百七十七家庭、千八百家庭、六千家庭です。ここまででいくつですか。八つです。

六千家庭は八数目で、そのときから内外として東洋と西洋、世界版図圏のプラス・マイナスの基盤を統一し、六千五百家庭を中心としては、その基盤の上に九数を超えて十数、帰一数に至るのです。

帰一数で世界的家庭版図の縦的な基盤を立てたのが、一九九二年八月二十五日でした。そのときにおいて、初めて世界的蘇生《そせい》基盤ができるというのです。超民族的水平圏内において、縦的な蘇生の基盤を立てるのです。その次に三十六万双、そし

て完成基準が三百六十万（四千万）双です。（二八六―一四九～一五一、一九九七・八・九）

聖人と殺人鬼を一緒に祝福してあげることによって、サタンまでも解放するという、このようなことが起きるのです。これが一九九九年三月二十一日です。ルーシエルは、神様のみ前に、真《まこと》の父母と人類の前に罪状を直告し、神様の処分どおりに現在身を隠している状態で、自分の一族たちが天のみ前に帰ることを願っています。ルーシェルが帰らせることはできません。神様も帰らせることはできないのです。先生がやらなければなりません。（三三二―九七、二〇〇〇・五・一五）

お母様がサタン世界の最高クラスを中心に、巡回講演を通して八十カ都市で勝利の覇権をもって戻ってきたので、お母様は、お母様としての責任を果たし、初めて神様が公認した位置、サタンが公認した位置、人類が公認した位置に立つようになりました。キリスト教をはじめとする人類の宗教圏を越えて勝利の版図圏に立ったたので、復帰されたエバの価値をもち、アダムと同じ位置で入籍し行動できる、このような資格をもつために、これを天地に宣布するのです。それで、この場で文《ムン》総裁がお母様に対して、韓鶴子《ハンハクチャ》女史に対して表彰するのです。ですから、これからは対等な位置に立ちます。男女平等圏時代が訪れます。愛を中心として男女平等圏時代です。これからは女性たちを結束させて、男性たちを教育する時が来ました。(三〇二―二三二、一九九九・六・一四)

お母様を復帰して、先生自身がお母様を表彰しました。また、統一教会が表彰しなければならず、創造主《しゅ》が表彰してあげなければなりません。「私たちのお母様だ! お父様と同じだ!」と言わなければならないのです。左側にお母様を設定したので、七・一節、七・八節、九・九節、三・十節を中心として解放の時代に越えていくことによって、三・十節を中心に蕩減《とうげん》復帰時代撤回を宣布するようになりました。今まで象徴的に現れていた神様の形状を整理し、お母様が初めて実体のお父様の相対として現れることによって、実体的な地上・天上天国になります。実体の父母が天の国の真《まこと》の愛、真の生命、真の血統を中心として、完全な女性と完全な男性となり、一心一体となって一念で一つになり、息子、娘を中心として種を受けなければなりません。そうしてこそ、家庭が完成するのです。（四一四―二七九、二〇〇三・八・四）

口八丁手八丁な者たちは、女性たちの心情を傷つけてきました。神様の心情にエバが釘《くぎ》を打ちつけたので、天使長である男性たちがエバの心情にたくさんの釘を打ちつけたのです。それを抜いてあげる人は誰かというと、お母様です。お母様の釘を抜いてあげる人は誰かというと、文総裁です。エバは、アダムの命を奪い、イエス様の命を奪い、再臨主を追放しました。エバは三代の夫を喪失したのですが、その罪は赦《ゆる》すことができないというのです。それを取り除いてあげるために、文総裁がお母様を育てていくのです。お母様を育てるのに、どれほど多くの非難を受けましたか。「悪魔だ、色魔だ」とあらゆることを言われました。そのような作戦をしてきたので生き残ってきたのです。

そのようなすべてのことを完成して、天地の前に堂々とお母様を男性と対等な位置に立てるのです。私が公認します。否定されていたエバをアダムが肯定して公認し、神様まで公認するので、女性の解放が展開するというのです。（三〇二―二三一、一九九九・六・一四）

⑤霊界解放式（二〇〇〇・一〇・一四）

統一式をすることによって、先祖たちが地上に来て祝福を受けた家庭を協助できる時代に入っていくのです。天使長がアダム家庭を育てて天に迎えられるようにするのと同じように、霊界で祝福を受けた先祖の家庭が地上に来て、祝福家庭を保護することができるようになります。ですから、祝福家庭の個人、家庭、氏族を、世界圏内のサタンの子孫たちがむやみに打つことはできません。

今、ルーシェルは屈服しましたが、その手下の大勢の残党が世界中に広がり、しがみついて手放すまいとしています。ですから、天使長の立場で、堕落してサタンとなった偽りの父母が、偽りの愛を中心として、偽りの生命圏、偽りの血統を残してこのような結果が現れたので、真《まこと》の父母が霊界に行った先祖たちを祝福してあげることによって、天使長がもつことのできなかった家庭基盤をもつようになるのです。天使長がこの家庭に侍るようになっているのであって、侵犯するようにはなっていません。

それでは、サタンの残党を誰が追放するのでしょうか。天使長の立場にいる祝福家庭が皆さんの先祖たちです。先祖たちが地上の祝福家庭を保護するのです。霊界はもちろんのこと、地上でもサタンの残党を追い出す責任は、祝福を受けた皆さんの先祖たちが地上に来て果たし、また霊界と肉界を統一する義務を果たすのです。

（二〇〇〇・一〇・一四）

㈦ 王権復帰

① 「神様王権即位式」

真《まこと》の父母が神様と大宇宙の王権解放即位式を成し遂げたのですから、皆さんは、自分の国と自分の一族を解放して即位式をしなければならない責任があります。それで、家庭的即位式、氏族的即位式、民族的即位式、世界的即位式、天宙的即位式をしてこそ、神様の解放と真の父母の解放が完結され、「地上天国、天上天国完成、万歳」と叫ぶことができるのです。(二〇〇一・一・二九)

再臨主が真の父母として来て、真の王の家庭から氏族、民族、国家の王を編成した、そのすべてのことを中心として「神様王権即位式」を行いました。その時が二〇〇一年一月十三日です。三〇〇〇年を迎える最初の十三日に、その日を設定し、整備して、真の父母様の誕辰《たんしん》の時を中心としてお母様を前に立て、ついに新しい世界を中心とする復活の役事をするのです。（四一八―二五一、二〇〇三・九・二五）

四十年間、荒野に追い出され、すべて奪われてしまいました。その時の神様の悲しみは、アダムとエバの家庭の失敗の時が問題ではありません。イエス様が死んだ時の悲しみが問題ではありません。三次として来られた真の父母を中心として、七年以内に天下統一できるはずだったすべてのものが水泡に帰したのです。

荒野に追い出され、その道を行った真の父母に、神様も付いていかなければなりません。悪の世界にいることはできないのです。そうして、真の父母がイエス様の死んだ体を、初めて実体的基準で取り戻し、再びこの実体的基準に霊的基準を連結させたのが、今回の三〇〇〇年に向かう出発と、聖書歴史七千年が出発する、二〇〇一年の一月十三日に行われた「神様王権即位式」なのです。（三四六―一二七、二〇〇一・七・一）

人間が神様を王の位置に即位させるということは、途方もないことです。それは、救世主であり、真《まこと》の父母として、すべての天国の伝統を立て得る新しい愛と生命と血統を形成し、地上と天上を祝福したという権限をもって初めて可能なのです。神様の祝福圏内に立った人々は、神様直系の血統的関係を結んだので、サタンとは関係がありません。その解放圏によって、初めて偽りの父母と天使長が一つになって、打ち込んだものが除去されるのです。ですから、真の父母がサタンを除去して、地獄と楽園を撤廃し、天国だけが残されたその上で、天国の中心である神様を捜し立てるのが「神様王権即位式」です。(三三九―八八、二〇〇〇・一二・七)

先生は、五十六年間の摂理路程において、数多くの宣言をしました。氏族を拡大する宣言、民族を拡大する宣言など、すべてくいを打ち込んだのです。そして、真の父母についてもはっきりと明らかにしました。文《ムン》先生を先頭に立てて付いていてい かなければ、万民、万国の解放圏を成し遂げられないということも、すべて宣布したのです。それでは、その宣言の最後の目的は何だったのでしょうか。それは、「神様王権即位式」を終えることだったのです。そこに支障をきたす障害物がないよう、きれいに整備するために数多くの宣言を宣布したのです。（三五二―三二五、二〇〇一・九・二）

②「天地父母様天一国《てんいちこく》開門祝福聖婚式」

天一国を中心としなければ、天地父母が聖婚式をすることができません。「神様王権即位式」をしなければ、聖婚式をして出生《しゅっしょう》届を出せないというのです。それは、国がないからです。「神様王権即位式」をしたあと、満二年がたち、お母様の満六十歳の御聖誕日に「天地父母様天一国開門祝福聖婚式」を挙行しました。神様と真の父母様が祖国光復の土台を整えたその基盤の上で、初めて聖婚式を行ったのです。

そのあと、「天宙・天地真の父母様平和統一祝福家庭王即位式」をしました。歴史始まって以来、初めて家庭の王の位置に立つのです。(四三〇―一二三、二〇〇四・一・二)

アダムとエバの位置は、私たち人類の横的な理想の愛を中心として和合する位置であり、九〇度を合わせる位置であり、焦点を設定する位置です。その位置もまた、この前後、左右、上下、どこに合わせても合います。それは何を意味するのでしょうか。神様は、二性性相の主体であられるので、その愛の焦点を合わせたアダムとエバの心の中に神様が入ってこられ、堕落していない人間の先祖の結婚式が神様の結婚式になるということです。(二二三―二六七、一九九一・一一・二一)

本来、先生が六十歳になる一九八〇年にしなければならないのですが、お母様が六十歳を超え、六十一歳を迎える還暦のときである二〇〇三年に延長して、新しい天宙・天地父母が一つになって聖婚式ができる記念の日を策定し、挙行したのが「天地父母様天一国《てんいちこく》開門祝福聖婚式」です。そして、これを挙行したことによって、初めて天一国家庭において真の父母が王の位置に即位できるのです。（四二八―二四九、二〇〇三・一二・二一）

「天地父母様天一国開門祝福聖婚式」を通して、天一国を開門するのです。個人的開門、家庭的開門、氏族的開門、民族的開門、国家的開門、世界的開門門が起こるのです。相対になり得る天上世界の人たちを地上で初めて祝福してあげたので、サタンは干渉できません。霊界でも個人から祝福をして、氏族を編成するのです。偽りの父母が分かれさせたので、真の父母が本然の位置に復帰します。そうして父母様を絶対信仰し、絶対服従していくようにするのです。（四〇五―二〇七、二〇〇三・二・一二）

「天宙・天地真《まこと》の父母様平和統一祝福家庭王即位式」を行ったので、初めてこの地上に天一国《てんいちこく》が始まります。神様の家庭から氏族的、民族的、国家的条件を中心として天地を束ね、聖人を祝福してあげて霊界で教育するのです。神様がいることを霊界で分かりませんでした。見えないので信じられなかったのですが、先生を中心として教えてあげるのです。原理教育をすることによって、天宙父母である神様が父母だということが分かるのです。父母を探し出せたのは、自分によってではありません。真の父母が探し出したのです。(四〇七―二六五、二〇〇三・五・二〇)

神様が先生に賞を与えなければならず、その賞をお母様に与えなければなりません。天地にいる祝福を受けた家庭と統一教会の食口《シック》たちが、勝利したお母様を表彰しなければならないのです。これが宣布されることによって、これから無形の神様が有形の実体として真の父母の形状をもつようになり、地上世界にいる真の父母が天上世界の無形の父母の立場に登極するようになります。本来は、アダム家庭が完成してそのようになるべきでした。全世界の祝福家庭全体が、父母様の登極とともに、神の国の王子、王女の位置に入っていくことによって、神様が霊界と肉界に定着せざるを得ないのです。(四二九―二五、二〇〇三・一二・二三)

③平和の王として推戴

過去八十年以上の私の生涯は、文字どおり波瀾《はらん》万丈な生の連続でした。アダム家庭から始まったカイン・アベルの葛藤と闘争が世界的次元の共産と民主の闘争へと飛び火した二十世紀の転換期を、私は、摂理的に必要なすべての段階の蕩減《とうげん》条件を立てて勝利しました。その基盤の上で、ついにアベル支配圏の真の愛時代である天一国時代が宣布されたのであり、去る二〇〇一年には、神様を王の位置に即位させてさしあげました。その勝利的基盤の上に、二〇〇三年には、エルサレムで第一イスラエル圏を代表する平和の王としてイエス様を即位させてさしあげました。そして、二〇〇四年に入ると、人類の真《まこと》の父母の資格で、私が第二イスラエル格であるアメリカと、第三イスラエル格である韓国で、そして、世界的次元の超宗教、超国家の平和の王として登極する戴冠式と即位式をもちました。

このような一連の摂理的な勝利基盤の上に、六十億の人類は、今、二〇〇五年から天一国《てんいちこく》創建の長成級である第二段階に差し掛かり、入籍摂理を完結するための血統転換、所有権転換、そして心情圏相続の三大目標完成のために総進軍命令を受けたのです。(二〇〇五・二・一四)

私と共に韓《ハン》総裁は、二〇〇五年九月十二日、アメリカのニューヨークで「天宙平和連合」を創設した直後、その創設メッセージを宣布し、世界百二十カ国の巡回を完了しました。この真の父母様の勝利的基盤を受け継ぎ、韓総裁は、今年(二〇〇六年)の春から再び二次として、世界百八十カ国でみ言《ことば》宣布大会を開催し、真の子女たちを直接み言宣布に同参させることによって、真の家庭の三代が共に勝利する、実に驚くべき快挙を成し遂げました。この勝利は、天宙的次元でカイン圏の子女とアベル圏の子女を一つに結んで真の父母様に奉献し、摂理的所有権まで転換する勝利でした。

この勝利的基台の上に、去る六月十三日には、ついに天と地が一つになり、神様と天地人真の父母様が安着される天正宮《チョンジョングン》博物館入宮式と、天地人真の父母様の天宙平和の王戴冠式が挙行されました。実に、歴史上空前絶後の大勝利でした。その日は、歴史の背後で数千、数万年の間涙を流され、独りで恨《ハン》の摂理路程を歩んでこられた神様が解放、釈放され、天宙の王であり主人として、永遠に安着される日でした。（二〇〇六・一〇・一四）

④ヘリコプター事故と「実体復活宣言」

神様は誠に奥妙に摂理をされます。誰も想像することができなかった大型ヘリコプター事故で、天は霊界を動員して、真《まこと》の父母である私たち夫婦の身には、サタンもあえて手を出すことができないように措置されたのです。人間の目にはとても神秘的な奇跡の中の奇跡に見えるでしょう。しかしこれは、ヘリコプター事故の歴史上、見いだすことができない不可思議として記録されています。二〇一三年一月十三日を祖国光復完成の日として公表し、夜昼なく心血を注いでいる私を、天がどうして見捨てることができるでしょうか。神様御自身の実体として地上界でこの聖業を成し遂げていくレバレンド・ムーンでなければ、誰が摂理を完成し、人類を再び神様の懐へと取り戻すことができるでしょうか。（二〇〇八・八・二七）

神様の大いなる恩賜を受けて、このように皆様の前に再び立つことができるようになった私たち夫婦は、誠に感慨無量です。人類の真の父母として天の印《いん》を受けた私たち夫婦は、「堕落の血統として生まれ、父母のいない孤児として数千、数万年の間さまよっている人類を救い、一緒に連れて帰ってきなさい」という天の至上命令を受けました。これから四年余りが残っている二〇一三年度に向かう最後の段階として、双合七八禧年《チルパルヒニョン》を宣布し、霊肉界の万邦に総進軍命令を下したこの時点に、このような不意のヘリコプター事故に遭いました。しかし、天はこの事故を通して、もう一度、無知蒙昧《もうまい》な人類に、天が生きて役事していらっしゃることをはっきりと見せてくださったのです。（二〇〇八・八・二七）

今回のヘリコプター事故は、実に途方もない摂理的意味をもっています。サタンの最後の総攻勢の中でも、真の父母様は、霊肉共に完全実体勝利を勝ち取られたのです。摂理歴史の中で失ってしまった真の家庭三代圏を、一滴の血も流すことなくそっくりそのまま復帰、安着させたのです。

夢にも忘れることができないその日、七月十九日、ヘリコプター事故の当日には重生完成を、それから二十日目の七・八節、八月七日には復活完成を、そしてきょうは、事故から四十日目を勝利で締めくくりながら、永生完成の日を宣布する次第です。神様を中心にお迎えし、摂理の最終的理想圏である新天新地を開き、永遠の解放、釈放を謳歌《おうか》する永生の新しい日を宣布します。（二〇〇八・八・二七）

⑤「神様摂理史の責任分担解放圏完成宣布教育」

『平和訓經』は『平和神經』になりました。はっきりと、明らかにしたのです。きょう（二〇〇八年一〇月一〇日）から「神様摂理史の責任分担解放圏完成宣布教育」をするのですが、「責任分担」が主題です。絶対「性」を基盤とする中での「責任分担」です。絶対「性」です。堕落の血統によって汚されたことを越えていかなければなりません。この絶対「性」の道を通過しなければ、越えていくことはできません。（二〇〇八・一〇・一〇）

これから、神様を中心として、霊界の五大聖人を中心とする教団が、先生の命令によって、総括的に地上再臨しなければならない時になります。ですから、神様を前にして侍ることができ、サタンのいない天国の主人になることを願って、今から新しい決定をするための「神様摂理史の責任分担解放圏完成宣布教育」を始めなければなりません。

今、イエス様が霊界にいることができず、四大聖人もいることができず、そして、百二十人門徒も霊界から地上に再臨しながら、真《まこと》の父母がサタン世界を整理し、それを完結することに、共に総進軍することを願っています。そこにおいて、皆さんが指導できる責任者になることをお願いする次第です。（二〇〇八・一〇・一〇）

⑥万王の王神様解放圏戴冠式

私たちは、共に歴史的で摂理的なこの日を心行くまで慶祝し、私たちの永遠の真の父母であられる神様に、尊貴と栄光、そして限りない賛美をお捧げしましょう。

霊界の数千億の人類も、この祝福の一日を祝賀するためにこの場に共にいる厳粛な時間です。

神様は、万宇宙を創造されたのち、この上なく待ち望み、願ってこられた日が、正にこの日です。御自身の子女として創造したアダムとエバが、天の血統を汚し、暗闇の中に隠れてしまったその日以降、神様は、言い表すことのできない苦痛と悲哀の中で数千、数万年を耐え、待ち続けてこられました。御自身が万王の王として登極し、失ってしまった子女たちと万物を再び抱き、千年、万年、太平聖代の平和王国を享受して暮らすことのできるその日を、首を長くして待ち望んでこられたのです。

神様は、創造摂理以前から万王の王であられました。しかし、被造万物を創造された以降には、実体をまとわれ、愛の対象圏であるこの現象世界を治める実体の万王の王として顕現されなければならない天道があったのです。それで、真《まこと》の愛を中心として、御自身の代身者であり相続者である現象世界の真の父母を求めてこられました。

きょう、私たち夫婦が、畏れ多くも天から印《いん》を受け、神様の実体として立ち、万王の王戴冠式を執り行うこととなり、誠に喜ばしく思いながらも、天のみ前には申し訳ない心を禁じ得ません。いまだに六十五億の人類を完全に天のみ前に復帰してお捧げできないまま、私の年が既に九十歳に至りました。天はもうこれ以上、お待ちになりません。御自身の実体として役事する地上の真の父母を通して天法を立て、万王の王の権限をもって、この地球星《ぼし》を復帰する真の愛の革命を促進化するのです。

(二〇〇九・一・一五)

⑦二〇一〇年の聖婚五十周年(金婚式)

私たちは、去る一月一日と一月十五日、三十一日、三回にわたって歴史的な「万王の王神様の新しい解放圏と戴冠式と金婚式」を挙行しました。特に一月三十一日には、東洋圏を代表する韓国の天正宮《チョンジョングン》博物館において、そして西洋圏を代表するアメリカのニューヨークにおいて、同じ日に二カ所で、歴史上、空前絶後の摂理的行事を天に奉献するという記録を立てました。

今年（二〇〇九年）の四月は、私たち夫婦が聖婚式を行ってから五十回目を迎えます。一九六〇年陰暦三月十六日、私たち夫婦は、聖婚式を通して天から印《いん》を受け、人類の真《まこと》の父母、真の師、真の王の険しい復帰摂理路程を出発しました。それから五十年、神様を完全解放・釈放してさしあげ、万王の王としてお迎えするまで、私たち夫婦が歩んできた蕩減《とうげん》復帰摂理の路程を、どうして筆舌ですべて説明することができるでしょうか。（二〇〇九・四・一九）

真の父母様の金婚式がもつ摂理的意味は、実に途方もないものです。人間始祖の堕落によって神様の真の血統はなくなり、サタンの偽りの血統が人類歴史を支配してきた事実は、皆様もよく御存じだと思います。

結果的に、肉界はもちろん、霊界までもカインとアベルの相いれない対立、闘争の関係で徹底して入り乱れてきました。誰も解決法を見いだすことができないまま、今まで放置された状態で歴史は流れてきていたのです。

しかし、これからは時代が変わります。きょうこの真の父母様の金婚式を契機として、カイン・アベルの完全一体圏の門が開かれています。神様の本性的心情を相続し、共有する完成、完結の段階、すなわち堕落の痕跡さえない原状の人間に復帰され得る恩賜圏に進入するのです。(二〇〇九・四・一九)

(八) 基元節

二〇一〇年天暦五月八日、午前二時二十分と五月十五日、午前三時二十五分、このように両日にかけて、アメリカのラスベガスにおいて、神様を中心とした天地人真の父母様の特別宣布が行われました。

ここでいう三時二十五分の三数は、初不得三《チョブドゥクサム》(精進すれば必ず成功するという意味)

の三時代を代表するものであり、旧約、新約、成約の三時代を象徴する数です。そして、二十五分の二十五数は、百の四分の一を象徴します。既に真《まこと》の父母様は、最終一体を成し遂げ、完成、完結、完了の基準で、全体、全般、全権、全能の時代を奉献、宣布されました。

人間始祖の堕落によって引き起こされた夜の神様、昼の神様、万王の王、そして、真の父母、このように四大代表王たちの歴史的な葛藤と闘争も、ついに天地人真の父母様によって、完全に解決されました。万人が平等であり、万国が兄弟国になって、「神様のもとの一つの家族」世界が皆様の目の前から展開されています。(二〇一〇・一二・四)

「天地父母天宙安息圏」の「安息圏」というものは、第一次アダム時代、第二次イエス時代、第三次再臨主時代、第四次アダム心情圏の時代に行ってこそ安着します。闘争することなく和合できるので、そこで祝福を受けるのです。二〇一三年一月十三日までにすべてが一つになり、一人の男性型と一人の女性型が、歴史時代においてアダムとエバによって分かれていたすべてのものを一つにまとめるのです。数千年にわたって数多くの民族に分かれていましたが、それを祝福というタイトルを中心に一つにまとめ、大きな門に入っていかなければなりません。その門を六十五億の人類が一度に入っていくのです。その時から救援摂理がなくなります。（六一〇―一二、二〇〇九・四・一〇）

真のお父様が私たちに一月十三日の「基元節」が最も重要な日だと宣布してくださり、その「基元節」のための多くの摂理的仕事をしてこられたのが、「神様王権即位式」からの十二年間です。ですから、これは偶然でもなく、簡単に訪れた日々でもありません。（二〇一三・一・一四、真のお母様）

真のお父様は、「神の日」を定められながら、既に神様の解放のために「基元節」

を考えられ、神様を「天の父母様」と言われました。今、お父様の祈祷の中でそれを聞きました。神様の願いは父母様になることなのです。私たちは、そのために父母様に侍って六十数年の蕩滅《とうげん》復帰摂理の道を歩んできました。（二〇一三・二・一〇、真《まこと》のお母様）

これから真のお父様は、天法に従って霊界を拠点とされ、自由自在に霊界と肉界を往来されながら、天一国《てんいちこく》の拡張のために摂理されるでしょう。真のお父様と私は、一心、一体、一和、一念の境地で摂理を経綸《けいりん》することになるでしょう。「基元節」の勝利を通して、本然のエデンの園をこの地上に創建するために、皆さんと共にいらっしゃるでしょう。天の摂理歴史は立ち止まることができないからです。（二〇一二・九・一七、真のお母様）

「基元節」は、天一国を実体的に出発する日です。天地が崩れる日ではありません。

全世界の人類を天一国の民にするまで、休んではいけません。今から出発です。植えてもいないのにどうして実を結びますか。植えてこそ、収めることができるのです。そのためには、皆さんが最大の力を発揮して、「基元節」を天と世の中に現せるよう、今から努力しなければなりません。そして、私たちの環境を大きく広げていきましょう。(二〇一二・一二・一二、真のお母様)

第二節　真のお母様は第二教主

堕落したエバを拡大した一族が、この世界に住む女性たちです。この女性たちが偽りの愛によってばらばらになったので、真の愛でこれを結ぶことができる中心存在が出てこなければなりません。それがキリスト教で言う新婦です。この新婦は一人で暮らすためにいるのではありません。万国に広がっている女性を代表した一人の中心存在です。その女性が幸福になるときには、万国の女性たちも幸福になって

いくのです。その方が私たち統一教会で言うお母様です。真《まこと》のお母様だというのです。（二三三―二九四、一九九二・八・二）

世界のすべての女性が、来られる主を迎えて、元に戻る道を用意するのです。この地に来てそれを取り戻そうとするので、女性を再創造します。アダムを中心として女性を創造したのと同じように、天の男性を中心として女性を再創造するのです。個人的な女性完成圏、家庭的な女性完成圏、氏族的な女性完成圏、民族的な女性完成圏、国家的な女性完成圏、世界的な女性完成圏を代表した一人の人を中心として創造するのです。それを今までしてきた方がお母様です。お母様は今まで、先生の後ろに付いて従ってきたのです。（二三二―二八、一九九二・七・一）

イエス様は、家庭を中心として、世界を制覇できる解放圏をもたなければなりませんでした。それができなかったので、先生が蕩減《とうげん》復帰し、一九九〇年の第三十一回「父母の日」に「女性解放圏」を宣布することによって、家庭を中心として初めて世界舞台を抜け出したのです。イエス様は国家的舞台でしたが、今は世界的舞台を抜け出しました。

そのため、アメリカは反対できません。いくらアメリカが反対しても、すべて抜け出したというのです。アメリカを中心とする自由世界の統一教会に対するあらゆる反対は過ぎていきました。共産世界の反対もすべて過ぎていきました。あらゆる宗教圏の反対も過ぎていきました。条件を中心として完全に終わりました。ですから、これからは先生がいなくても、お母様一人でみ旨に何の支障もないというのです。

今までは、女性が天地を代表する摂理の代表者として立つことはできなかったのですが、父母の愛と一体的理想を中心として、初めてお母様を中心とする女性全体の解放圏が地上に宣布されたのです。それが、けさ行われた「女性解放圏」宣布の式典でした。

真の父母の聖婚から三十年たって女性解放を宣布したというのです。ですから、先生が一人でいても真《まこと》の父母様の代身であり、お母様が一人でいても真の父母様の代身です。ですから、先生が第一教主、その次に、お母様は第二教主だということです。（二〇一―一二六、一九九〇・三・二七）

お母様は私の影のようです。付いて回る影のようなので、私は実体をもった主体の教主であり、お母様は対象の教主です。それで、私は第一教主、お母様は第二教主です。何を中心としてですか。愛を中心としてそうだというのです。（二〇二―八一、一九九〇・五・六）

お母様を中心として皆さんが一体になっていかなければならない時が来ました。もう先生がいなくても、お母様が代わりにできる特権を許諾したというのです。お父様がいないときは、お母様のことを思わなければなりません。そのように理解して、先生の代わりにお母様に侍る心をもち、祈祷もそのようにするのです。今までは先生を愛してきましたが、これからはお母様を愛さなければなりません。これからはお母様の時代に入っていくことを理解して、特に女性たちはそのようにしなければなりません。ここにおいて、先生が第一教主であれば、お母様は第二教主であると世界的に宣布し、天地に宣布します。（二六五―三一〇、一九九四・一一・二七）

先生が霊界に行ったとしても、お母様が地上にいれば、霊界と地上界の統一圏ができるので、いつでもお母様がいる地上に来て一緒に暮らすことができるのです。今、統一教会のメンバーの中にそのようなカップルがたくさんいます。一緒に生活しているというのです。誰も知らないところで対話しながら、「あなた、これはどうしましょうか」と言えば、すべて教えてくれるのです。「きょうはどこどここのようなことが起きるから注意しなさい。このような男性が現れてこのようなことがある」と言えばそのとおりになります。そのようなカップルがたくさんいます。霊界に行ったとしても、地上にいる人と一緒に生活することができるのです。（二

五〇―三三九、一九九三・一〇・一五）

お母様は、第二教主の資格がありますか、ありませんか。大講堂に立って凜々《りり》しく、男性のような度胸をもってお母様以上に講演できる人は手を挙げてみてください。お母様から多くのことを学んだのではないですか。お母様がここまで立派にできるとは夢にも思わなかったでしょう。大いに尊敬しなければなりません。先生はもう七十を超えてくずかごに近づきましたが、お母様は今、そのくずかごを収拾してすべて掃除できる主人になったので、先生よりも、お母様をもっと重要視できる統一教会員になれば福を受けるというのです。（二二〇―二三六、一九九一・一〇・一九）

第三節　真《まこと》のお母様の信仰と愛と従順

㈠ 真のお母様の真のお父様に対する信仰

お母様は、先生が導くとおりに無条件に信じていかなければなりません。無条件に信じなければならないのです。お母様が、女性として夫がどのようなことをしても従順に屈服し、それ以上の条件は立てることができないという、限界点までも越えて従順に屈服した基盤を立てたので、その基盤の上に「神の日」まで設定できたのです。（七四―一〇〇、一九七四・一一・一四）

統一教会の先生、統一教会のレバレンド・ムーン、統一教会の責任者になることは簡単ですが、お母様が支持し、お母様が歓迎する責任者になることは難しいのです。統一教会の壇上に立って先生の役割をすることは難しいことではありませんが、お母様の前で先生の役割をすることは難しいというのです。それを考えれば、統一教会の皆さんよりも、お母様のほうが先生をもっと信じています。統一教会の皆さんが私を信じるよりも、お母様のほうがもっと私を信じているのです。あらゆる面

において尊敬していることを知らなければなりません。（一〇三―一四七、一九七九・二・一八）

先生は三十年間、熾烈《しれつ》な戦場で闘い続けてきたのですが、お母様は、無慈悲な決闘を繰り返すかのような環境の中にいる先生に付いてきながら、よく耐え忍んできました。「私は行きたくない！」と言えば大変なことになります。「男性はそのような所に行きますが、女性は弱いので、そのような所には行けません」と、世の中の女性のように不平を言えば大変なことになるというのです。死の境地には、目を閉じてでも行かなければなりません。それがお母様の立派なところです。耐え忍んできたからです。千五百人の大衆の前に立ち、堂々と微動だにせず、落ち着いた態度でいることができるのは、激戦の過程を見つめながら訓練を受けてきた過去の経験があるからです。（二二四―九九、一九九一・一一・二三）

(二) 真《まこと》のお父様から見た真のお母様

先生は、お母様をぞんざいに扱うことはできません。お母様を迎えるために、おばあさんのような人も犠牲になり、中年の女性も犠牲になり、若い女性も犠牲になり、女性を代表する大勢の人が犠牲になっていったのです。それはどういうことでしょうか。火を絶やすことなく、血のにじむ祭壇を守り続けながら、終末において勝利した生きた祭物である実体のお母様を尋ね求めてきた、ということです。

このような曲折の蕩減《とうげん》路程を歩んできたという事実を考えるとき、お母様といい加減に向き合うことはできないというのです。そこには、おばあさんの悲運の歴史、大勢の母のような中年の女性たちの恨《ハン》、姉や妹のような女性たちの恨の歴史が宿っています。その結実としてこのすべての恨を解くために、代表として選ばれた方がお母様という方です。(二六四—五七、一九九四・一〇・九)

お母様は、何が素晴らしいのでしょうか。お母様の目が素晴らしいのです。にこっと笑う時、笑っているその魅力的な目に、私は完全にとりこになってしまいます。そのような魅惑的な目をもっています。

その次には、お母様の鼻です。お母様の鼻が本当に好きです。鼻がひくひく笑うのです。本当です。私は、お母様の鼻です。それがお母様の魅力なのかもしれませんが、夫をそのように感動させるのです。鼻が笑うという才能は、私に対してだけあるのかもしれません。他の人には分からないと思います。

その次には口です。お母様の口は本当に美しいというのです。そして態度が美しいのです。お母様には美しい所がたくさんあります。素晴らしい所がたくさんあるのです。(二二七―九三、一九八三・五・五)

お母様の名前は「鶴子《ハクチャ》」ですが、これは「鶴の息子」という言葉です。鶴(アネハヅル)が子を産もうとすれば、ヒマラヤの山頂を越えなければなりません。鶴は、ヒマラヤの山頂を越えて平原に行き、そこで卵を産むのです。これはエバの使命と似ています。「子」とは何でしょうか。日本の女性の名前には、「何々子」のように「子」が付く名前が多いのですが、それは息子を象徴しています。それは結局、女性として息子を慕うことを意味しています。そのような意味があるというのです。「韓《ハン》」というのは、全体を代表する「一つ（ハナ）」に通じ、統一を意味します。この名前はそのように貴いのです。（二四六―二八四、一九九三・四・二〇）

一次、二次、三次の七年路程をすべて経たのちに、すべてのお金の決裁権をお母様にあげました。あげながら、「食口《シック》たちに対してはいくらでも使ってよいが、自分自身のためにたくさん使ってはいけない」と言いました。すると、お金を正しく使うお母様だったというのです。誰かが少し古びた服を着ていると、出掛けていって服を買ってあげるのですが、それも一番良い服を買ってあげるのです。

ですから、お母様は欲心がありません。どれほど欲心がないかというと、結婚指輪も誰にあげたか分からずにいます。自分の婚約指輪や結婚指輪まで人にあげてしまうこと、食口《シック》のためにそれを忘れて与えることができるというのは、女性としては普通の女性ではありません。私は、そのような面でお母様を尊敬し、誇らしく思います。お母様を称賛するというのです。(一七〇—三六、一九八七・一一・一)

お母様の特別なところは何かというと、霊感が鋭いところです。人を見て「良い人だ」と思えば、その人は良い人なのです。それを鑑別できる天性的な素質をもっています。そして、先生が「しなさい」と言うことは何でもしようと決意し、またその決意したことを常に失わずに歩んできたので、受難の道も克服することができたのです。

そして、私がお母様に有り難く思うことは、自らの貴いものを、自分の息子、娘ではなく、皆さんに、ためらうことなく一〇〇パーセント譲ってあげようとするその性格です。その性格は、神様が贈り物として下さった性格だと思うのです。西洋人たちは、「ああ、レバレンド・ムーンの夫人は、服もとてもたくさんあり、宝物もとてもたくさんあるはずだ」と思うかもしれませんが、そのようなことはありません。お母様は、自分が良いと思うものがあれば、すべてそれを食口たちに分けてあげようとするのです。実際、数日前も、出掛けなければならないのに着るものがなかったのです。そのような時がたびたびあります。

ですから、第一は、霊感が鋭いことに対して天に感謝し、第二は、み旨に対して絶対従順しようとすることに感謝し、第三は、自分のものを自分のものではなく、世界のものとして、そのままためらわずに分けようとすることに感謝するのです。与えすぎて神様が心配されるほどです。そのような性格を、生まれついての天性としてもっているというのは、お母様としての性格を備えているということです。（九二―三二七　一九七七・五・三）

㈢ 真《まこと》のお母様と日本

皆さんは、何にならなければならないのですか。真の父母にならなければなりません。一家の真の父母にならなければならず、一族の真の父母にならなければならないのです。一家や一族の真の父母がいなければ、サタンの権限に包囲されていることになるので、地上天国が出てこないのです。その伝統をつくらなければならない使命がエバにあります。

イスラエル民族が滅びたのも女性が原因です。ヤコブの家庭を分裂させたのも女性です。イエス様を追い出したのも女性です。エデンの園で失敗の動機となり、失敗の鍵を開けたのも女性です。それで、この最後の時にそれを蕩滅《とうげん》するために、世界的に女性解放を宣布し、お母様の分身として日本が、国を超えて世界の女性のアベルとして選定されているのです。(二五八—一一八、一九九四・三・一七)

お母様が「世界平和女性連合」の大会（一九九二年）で、何のために日本語で演説したのでしょうか。真の父母が息子、娘と通じ合おうとすれば、どのようにしなければなりませんか。日本の息子、娘たちは、日本語でなければ通じないので、仕方がないのです。お母様がそのようにすることによって、皆さんが還故郷できる条件が成立するのです。孤児という名がなくなり、孤児が母親を取り戻したことになるというのです。

孤児になり、盗賊に引っ張られていってその世界に染まっていたのですが、お母様に出会うことによって救われるのです。ですから、お母様が日本語で語ったことは、驚くべきことです。それは、本然の母でなければ不可能です。偽りの母にそれができるでしょうか。自分の息子、娘だということが分かれば、言葉を学んででも、それを教えてあげなければなりません。それが父母の愛の心情圏です。（二三九―一一六、一九九二・一一・二四）

六千万人の日本の女性たちは、すべてお母様の分身です。お母様の苦労を体恤《たいじゅつ》し、体験できる生活をしなければなりません。教えて分かるものではないのです。お母様が涙を浮かべる生活をするときは自分たちも涙を浮かべる、そのような体恤圏をもたなければならないというのです。一体になるのです。そのようになれば、お母様が空腹を感じるときに自分も空腹を感じ、自然と涙が浮かびます。そのように体恤しながら、「ああ！　お母様にもこのようなことがあるのだなあ」と思うのです。そのごとくに体恤するのです。一体圏ができなければなりません。（二五〇—四六、一九九三・一〇・一一）

女性たちがどのようにすればお母様と一つになるのかというと、お母様の心情を生活で体恤しなければなりません。神様を中心とすれば、神様の悲しい事情を感じて我知らず痛哭《つうこく》するようになります。痛哭の涙がとめどなく流れ落ちてくるのです。「これはなぜか」と祈ってみると、何かの事件が起きることが分かります。それを体恤というのです。神様が悲しめば、本筋につながっている人たちはそれを体恤します。双子がそうです。兄弟がそうであり、父子の関係がそうです。母親は、息子がどこかの外国に行って不意に不祥事に遭えば、寝ていても叫んで飛び起きる、そのようなことが起きます。それと同じように、体恤的同化圏内に入っていかなければなりません。（二五一—二一三、一九九三・一〇・一七）

第三章　天の父母様に似た真の主人

第一節　天の父母様に似た個人

㈠ み言《ことば》の伝統

皆さんは、み言に対する伝統を立てなければなりません。韓国の食口《シック》も、日本の食口も、アメリカの食口も、み言を体得するにおいて、すべて統一された伝統を立てなければなりません。すなわち、原理に立脚した考え方と生活態度をもち、み言を中心として一体となった伝統を立てなければならないのです。今までは、各自がそれぞれの伝統を立ててきましたが、今からは、韓国と日本、そして全世界にまで統一された伝統を立てなければなりません。（二一―三二六、一九六九・一・二）

統一教会の皆さんが行くべき道は、たった一つの道です。皆さんは、神様のみ言を完全に自分のものにしなければなりません。そのすべてのみ言の内容を、自分のものとして体得するのです。そうしてみ言と一致した人格を備えれば、神様の息子になり、娘になるのです。（二一―三二九、一九六九・一・一）

神様がみ言によって造った人間は、神様のみ言を入れることができる実体です。ところが、堕落によって、神様のみ言を入れる実体になることができませんでした。それで、それを復帰するために、キリスト教では、花婿と花嫁という言葉を中心として、それに合わせようとしてきたのです。これは絶対的です。ですから、神様のみ言を中心として、神様の心情を所有できる人格者になることが、信仰者の希望です。（二一―三三一、一九六九・一・一）

皆さんは、み言を中心に一体化した伝統、心情を中心に一体化した伝統を立てなければなりません。そのためには、神様の代身者として、神様の心情を身代わりし

た父母の心情をもって僕《しもべ》の体で人類を愛そうという心情を持たなければなりません。（二二一―三三四、一九六九・一・一）

(二) 真《まこと》の愛の主人

神様は、御自身と自由に愛を与え合うことのできる存在、すなわち神様の愛の完全な対象体として人間を創造されました。人間は、真の愛の主体性をもつように創造された、神様の息子と娘なので、神様は人間の真の父母でいらっしゃいます。神様は人間を神様の真の愛に同参させ、その愛を相続する存在として立て、その垣根として万物世界を創造されました。ですから、神様と人間は、真の愛を通して最高の喜びと幸福を経験できるというのです。（二七一―六八、一九九五・八・二二）

神様は、アダムとエバが真の愛を中心として純粋に成長し、真の人になることを望まれました。神様は、彼らの生物的な成長と栄養供給のために、あらかじめ環境を万遍なく備えておかれましたが、神様のより深い関心は、人間の内的性稟《せいひん》と人格にありました。彼らは愛する経験を通して、神様の真の愛に似るようになって完成するのです。神様の真の愛が、人間の幸福と生命と理想の源泉になる理由も、ここにあります。（二七一―六八、一九九五・八・二二）

すべての被造物は愛の法度に従って創造され、また存在しています。人間の完成も、知識や権力、もしくは財力によって成し遂げられるのではなく、真の愛によって成し遂げられます。すなわち、真の人は、真の愛の経験を通して、神様の根本的な真の愛に似た人格として完成するようになっているのです。個性完成とは、心と体が一体となって調和することを意味します。人間は神様の真の愛の核と一致する場にいるとき、心身が一体となるのです。

このようになれば、神様のみ前に完全な対象となり、神様に似て、その方の真の愛を相続するようになるのです。神様が感じることをそのまま感じ、神様が喜ぶことをそのまま喜ぶようになります。（二九四―六三、一九九八・六・一一）

皆さんは、無限に幸福な人になることを願っています。それでは、人が知り得ない多くの学問を会得することが幸福だと思いますか。違います。地上の宝物をたくさんもつことが幸福だと思いますか。違います。何かの権勢をもつことが幸福だと思いますか。違います。そのようなものをもっても、天倫の認定を受けることができない位置に立てば滅びるのです。最も貴いことは、万宇宙の大主宰であられ、主人公であられる神様の心情に似た息子、娘になることです。それ以上に願うことがあるでしょうか。（九―一四八、一九六〇・五・一）

何よりも父母の愛が初めなのです。その愛を動機として、その愛で円満に育った人ならば、愛がどのようなものかということが分かります。また、父と母の間の愛がどのようなものかを、父母を通じて学ぶのです。父が母を愛し、母が父を愛するという事実は、子女にとって二つとない喜びになります。縦的な立場で愛を受けて体得することは、父母をもった立場でなければできないことです。（六二―一六、一九七二・九・一〇）

子女の間の愛はどうでなければならないのでしょうか。何を基準にして愛さなければならないのでしょうか。父母が愛するように、兄弟姉妹たちも愛し合わなければなりません。愛は誰から学ぶのかというと、父母から学ぶのです。（六六―一二〇、一九七三・四・一八）

人は、真《まこと》の愛のために生まれました。真の愛の主人になった人は、ために生きなければなりません。私は真の愛の主人になって、ために生きるために生まれたということです。そうでなければ、存在の価値がありません。生成の根源があり得ないということです。真《まこと》の愛のために生まれ、真の愛をもった主人となってために生きる人が、神様に代わる人になるのです。そのように生きる人は、神様の代身者なので、再創造の役事をすることができます。（二四二―三〇五、一九九三・一・二）

神様に似ようとすれば、世界のあらゆる人たちを神様のように思わなければなりません。神様の息子、娘であり、神様の兄弟であり、神様の夫婦であり、神様の父母と思わなければならないのです。神様にそのような概念があるのと同じように、世界の人たちをすべて自分の懐に抱いても苦痛を感じず、一つにしようと思わなければなりません。それで、神様の代身者になれば、天の国が私の国であり、神様が私の神様になるのです。（二五四―一九六、一九九四・二・六）

第二節　天の父母様の願う家庭

(一) 真の夫婦の愛

　女性は男性を、父を身代わりし、夫を身代わりし、兄を身代わりし、弟を身代わりした立場の存在として愛さなければならず、また男性は女性を、母を身代わりし、妻を身代わりし、姉を身代わりし、妹を身代わりした立場の存在として愛さなければなりません。この四つの立場を身代わりし、世界を愛する心で愛し、尊敬しながら、互いにその刺激を感じるように結ばれた関係が夫婦です。世界を愛するのと同じ立場で、世界的な愛を与え合える最も基本的な単位となる基盤が夫婦なのです。
（三七―一〇八、一九七〇・一二・二二）

　夫婦の立場というのは、神様の子女が一つになった立場であり、神様の家庭で兄弟が一つになった立場であり、夫婦が一つになった立場であり、父母が一つになった立場であることを知らなければなりません。夫と妻は、四大心情圏を中心として見るとき、自分を完成させてくれる絶対的対象者です。

ですから、夫というのは、妻に理想的な神様の息子を迎えさせる立場であり、天の兄を迎えさせる立場であり、天の夫を迎えさせる立場であり、天の父を迎えさせる立場です。妻も、夫に対してこれと同様の位置に立つようになります。このような夫婦は、神様が体恤《たいじゅつ》したように、子女を生み、子女を通じて実体的に真《まこと》の愛を体恤することによって、喜びを感じるようになるのです。(二五九―四五、一九九四・三・二七)

優れた相対を通して、喜んで与え、感謝して受けるようになるとき、それが最高の幸福です。最高の幸福の定義は、真の主体と真の対象が、心から与えたいと思うときに与え、受けたいと思うときに受け、永遠に与えたいと思えば永遠に与えることができ、永遠に受けたいと思えば永遠に受けることができる、ということです。そのような位置が最高に幸福な位置です。(八四―一〇〇、一九七六・二・二二)

男性たちは、妻が自分の妻である前に、人類の女性を代表する女性であり、神様の娘であることを知らなければなりません。人類が愛する女性として愛することができ、神様がその娘を愛する以上に愛することができれば、夫になれるのです。女性は、その反対です。「あの人は私の男性だ」と考えるのではなく、「私の男性である前に神様の息子であり、人類の男性を代表する男性だ」と考えて、人類が愛する以上に愛し、神様が愛する以上に愛して、たくさんためにに生きてあげなければなりません。

それで、「私が男性として片方の足になり、女性がもう片方の足になり、人類のために、神様のために、愛の足跡を築いた家庭をつくって幸福になろう」、このような夫婦になることを神様は願われるのです。右足は夫であり、左足は女性です。片足の人になってはいけないというのです。（八八―三一七、一九七六・一〇・三）

神様の真の愛を中心としてために生き、またために生きた、このような人が神様の玉座にだんだんと近づいていきます。そのようにして、ために生き、真《まこと》の愛に一つになったその夫婦は、神様のように見えます。見てみると一人なのですが、外側は男性で内側には女性がいます。中にいるその女性は誰でしょうか。自分の妻です。時には入れ替わったりもします。それが神様に似る道を求めていくことです。最後には神様のようになります。真の愛によってのみ神様のようになるのです。(二一一―二八七、一九九〇・一二・三〇)

天の国で神様が祝福家庭を見れば、星のように光り輝いているので、神様も喜ぶというのです。最高の太陽のように、月のように光り輝く、愛するカップルになろうと思わなければなりません。ですから、夫に対して研究してください。「夫の性格はこうだ」と思っていても、その背景をよく見ると宇宙全体が宿っているのです。神様より、もっと驚くべき内容があるというのです。結婚する時に抱いていた夫に対する思いから抜け出せなければ、愛の理想を成就できません。上も見て、下も見て、寝ている時も見て、すべて研究しなさいというのです。

妻に対しても同じです。心は年を取りません。心が年を取らないならば、愛はどうでしょうか。生命はどうでしょうか。その次に、血統はどうでしょうか。神様の真の愛を中心とすれば、すべて年を取らないのです。愛が十年、二十年と深くなっていけばいくほど、もっと美人になるというのです。世の中で一番の美人になり、美男子になるというのです。ですから、愛する妻は、天宙の私の光であり、私の夢であり、私の幸福と平和がそこにあるのです。（二九七―一六八、一九九八・一一・一九）

㈡ 真の愛と真の家庭

今まで心と体も、真の愛のために生きてきています。心は体のために生き、体は心のために生きる、そのような環境で一つになり、私個人の真の愛の主人になるのです。家庭に入っても同じです。真の愛によって生まれたので、真の愛を中心として真《まこと》の愛の主人になった立場で互いに合わさって一つになることによって、真の家庭ができるのです。真の愛によって真の家庭ができることにより、真の主人になることができ、真の主人になることによって、真の息子、娘の真の父母になることができ、真の夫と真の妻になることができます。(二四二―三〇五、一九九三・一・二)

真の愛と一つになるとき、父のものが私のものであり、夫のものが私のものであり、子女のものが私のものです。主人の位置もそれと同じです。それは愛だけが可能です。知識ではできません。知識でできますか、権力でできますか、お金でできますか。真の愛には相続権があり、同居権があり、同参権があります。これは驚くべきことです。ですから、真の愛をもった人が神様のように主人になるのです。(二〇三―二二八、一九九〇・六・二六)

真の幸福の本質とは何でしょうか。神様は何によって、人間が本当の幸福になるようにしてあげようと思ったのでしょうか。神様は真の愛の本体であられます。神様は真の愛の理想ゆえに、無限に投入しながら創造をされました。真の愛は一人で、独断的に成就するものではありません。主体と対象の関係を通して、成就できるものなのです。したがって、愛を成就して体恤《たいじゅつ》するためには、神様も主体と対象の関係を結ばなければならなかったのです。それが正に真の家庭でした。(二九四―六一、一九九八・六・一一)

人にとって幸福な環境とはどのようなものでしょうか。幸福な環境にいる人とは、父母の愛を受けることができる立場に立った人です。その次には、夫婦の愛を互いに与え合うことができる立場に立った人です。その次には、子女をもって、子女を愛することができる立場に立った人です。その次には、兄弟の愛を知る立場に立った人です。したがって、幸福の母体となり得るものは、円満な父母と夫婦と子女を中心とした愛の家庭基盤です。(三九―二三八、一九七一・一・一五)

堕落した世界の人間を救うために来られる方がメシヤですが、その人が訪ねてこられる最も根源的な起点が家庭です。ですから、家庭を抱いて生死を共にしなければなりません。そして、家庭的に完全に解怨されれば、メシヤが来ることができます。そのようになれば、その家庭は、この宇宙を主管する神様の愛が定着し、錨《いかり》を下ろすことができる一つの起点になるのです。したがって、家庭の愛と離れた幸福はあり得ないという結論が出てきます。（三〇—八〇、一九七〇・三・一七）

幸福の基準はどこにありますか。自分にあるのですか。家庭にあるのです。家庭のどこにあるのでしょうか。祖父母の愛、父母の愛、夫婦の愛です。縦的に見れば父母の自分たち夫婦に対する愛であり、横的に見れば夫婦の愛です。

縦横の愛の理想を土台とした一つの家庭が、最高の幸福の基準であると同時に、絶対的な幸福の基準です。その幸福の基準が霊界と直結します。そのようにして、完全に地上で幸福に生きた人は、宗教が必要ありません。そのまま天国に行くのです。愛の絶対的な関係を通して前後、左右、上下に連結された家庭が、理想的な家庭であり、幸福の基地になるのです。（一九四―一二四、一九八九・一〇・一七）

人間の生活において、ある人を「幸福な人だ」と言うとき、何を基準として幸福と言うのでしょうか。この地上のあらゆる人たちは、幸福の土台は家庭であると一般的に感じ、体験し、認めていながらも、いまだに幸福な家庭の基準をもつことができずにいます。これが恨《ハン》です。ですから、問題は家庭です。

ある人が社会に進出して成功できず、または社会の一員として堂々とした権威と資格をもっていないとしても、真《まこと》の父母、真の夫婦、真の子女を中心とした家庭をつくって、誰もがその家庭を手本にしたいと思うくらいに平和に生きることができれば、その家庭は幸福な家庭だということを否定できません。（二三―一一、一九六九・五・一二）

幸福は、一緒に喜び、一緒に暮らすところにあります。ですから、父が喜べば母も喜び、子女も喜ぶのです。父だけが喜び、母が嫌い、子女が嫌えば、それは幸福ではありません。幸福な家庭は、父がもっているものを妻も自分のもののように喜び、息子、娘も自分のもののように喜ぶ、そのような家庭です。良いものを妻がもったからといって夫が妬み、それを奪おうとし、母が良いものをもったからといって子女が恨んではいけません。良いものが母のところにあっても喜び、父のところにあっても喜び、息子、娘のところにあっても喜ばなければならないのです。それが理想です。（七三―八六、一九七四・八・四）

世界を動かす男性を誰が動かすのかというと、女性が動かすのです。何によって動かすのですか。愛です。そのようになっています。それで平等です。男性だけが偉大だという論理はないというのです。女性だからといって欠如したものはありません。ですから、バランスを取るために、女性に子女を抱かせて任せるようにするのです。いくら立派だと振る舞う男性も、子女を必要とするというのです。現在の活動舞台は男性によって成し遂げられるのですが、未来の理想的な活動舞台は女性に養育される息子によって成し遂げられます。そのように、縦的、横的にバランスを取るようになっています。（二五八―一二三、一九九四・三・一七）

女性はなぜ幸福なのでしょうか。女性の体を通して、神様が愛する人を育てることができるからです。女性の体を通さなければ、男性でも女性でも現れる道がありません。神様の願いがいくら大きくても、女性がいなくなれば世界まで連結される人が生まれるでしょうか。それは不可能なので、男性だけがいても駄目であり、女性だけがいても駄目です。男性と女性がいることによって息子、娘が懐胎され、その赤ちゃんが生まれる時まで、母親の血と骨肉をもらって大きくなるのです。（一六五―一〇〇、一九八七・五・二〇）

父親が出ていって万物をもってくれれば、それを母親が精誠を尽くして料理します。

苦労した夫のために精誠を尽くしながら料理をする、その瞬間が女性の幸福です。そして、父親と母親が子女たちと一緒に食事をするとき、それをおいしそうに食べるのを見つめる母親の心は、天国に暮らす人の心だというのです。自分が精誠の限りを尽くして作ったものを、愛する子女と愛する夫がおいしそうに食べるのを見つめる、そこに母親の幸福があるのです。（二三三―二〇五、一九九二・八・一）

第三節　天の父母様の願う氏族

(一) 永遠の天国の主人

誰がこの世界の主人にならなければならないのでしょうか。悪魔サタンが主人になる前に、神様が主人にならなければなりません。その次には、この地上において、堕落していない人類の始祖であるアダムとエバ、すなわち真《まこと》の父母が主人になり、真の息子、娘が暮らすその家庭が主人にならなければならず、その次には、その氏族とその国と世界が主人にならなければなりません。これが本然の理想世界です。（二〇八―二一、一九八〇・六・一三）

神様の目的は、どこまでも個人を取り戻すことよりも、神様の国を取り戻すことであり、個人を愛することよりも、氏族を愛することにあるのです。そのために神様は、今まで歴史を消耗させながら歩んでこられたのです。ですから、その国のために、その民のために、あらゆる忠誠を尽くす立場で天のみ旨と向き合う人を、今まで神様は待ち望んでこられました。自分個人の救いと家庭の幸福を目的として神様のみ前に出ていく人たちは、かえって神様に二重の十字架、二重の苦役、二重の悲しみをもたらす立場になるというのです。（三〇―二五五、一九七〇・三・二九）

今まで女性たちは、男性の影となり、東西南北のあらゆる面で男性たちに抑圧されてきましたが、これからは堂々と立つのです。一つの家庭の基準から、また氏族の基準から、国家から世界、世界から天宙まで、その夫婦の愛の理想を中心として、男性と女性が愛の一体圏とともに、神様を占領する一体圏を得て本来の位置に戻り、世界の王権と女王権によって王族圏を包括し、命令する時代が目前に現れます。今、そのような時代になったのです。これは偉大なことです。その王族、皇族を中心として入籍する時代が来たというのです。そうして、天国を所有し、地上を所有する王子、王女の権限をもって永遠の天国の主人になるのです。それが人生最大の希望であり、目的です。（二二九―二五三、一九九二・四・一二）

夫は国のために歩み、妻は氏族のために歩むのです。これは、型として見れば、天と地と同じです。ここで、愛の力を中心として互いに勧告し、互いにみ旨のために公的な使命に燃え、「このように生きるのは、ただみ旨のためである」という心で歩めば、いくら道が遠くても、自分たち夫婦の関係を断ち切ることはできません。

どの家庭よりも幸福な家庭を中心として、その夫婦の縁をもって歩み、妻たちが築いた基盤と夫たちが築いた基盤が一つになれば、氏族と民族、国家は自動的に統一されるのです。（一五九―八〇、一九六八・三・三）

(二) 氏族的メシヤは真《まこと》の愛の主人

唯一の武器は真の愛です。この武器をもってこそ、サタン世界のあらゆるものに勝つことができます。そのような真の愛の所有主になろうという考えをもたなければなりません。それでは、氏族的メシヤとは何でしょうか。真の愛の主人です。これはイエス様が願い、アダムとエバが願い、神様も願った念願でした。ですから、真の愛の主人になって前進しなければなりません。そうすれば、すべてが終わるのです。（一八九―二七六、一九八九・五・一）

祝福家庭の皆さんは、途方もない使命を担っています。取り戻した家庭で安息の生活をするのではなく、その家庭を従えて氏族を復帰しなければならない使命が残っていることを、私たちは忘れてはいけません。失ってしまった私の生命と失ってしまった私の家庭を取り戻すことのできる一日をもつ、これ以上の幸福はないことを感じながら、その家庭を通して氏族と民族と国家を取り戻さなければなりません。皆さんはそのような立場にいるのです。皆さん各自がこのような責任と使命を果たせば、国家は自動的に復帰されます。

皆さんが祝福を受けた家庭になったのは、天が苦労された功績の基盤によって許諾された福です。天がそのような福を与えるのは、その福をそのまま継承し、その場で幸福を享受しなさいとして与えるものではありません。氏族を取り戻す責任を担わせるために、祝福してくださったことを知らなければなりません。(三〇―一八、一九七〇・三・一四)

親戚を愛さなければなりません。六千年間、恨《ハン》を抱いて受難の道を歩んで訪ねてきたのは、この家族と氏族に出会うためであることを理解して、神様の息子としてあらゆる精誠を尽くして、自分が住む界隈《かいわい》を愛さなければなりません。「この界隈の隅々まで、私の手足が届いていなければならない」という思いで愛するべき時が来たのです。それが国を愛する道であり、神様を愛する道です。そのようにすれば、皆さんが神様に認められるのです。そのような時代圏にいることを知って、皆さんは無限に幸せに思わなければなりません。ですから、先生は、祝福を受けた家庭に「氏族的メシヤになりなさい」と特命を下したのです。（三七—九九、一九七〇・一二・二二）

皆さんは、イエス様の親戚たちがメシヤのための基台を立てることができなかったために、イエス様が十字架にかからなければならなかったことを理解しなければなりません。イエス様の立場でも、彼が氏族的な基台を立てることができなかったために、新婦を迎えられなかったのです。そのようなことを復帰するために、皆さんは親戚たちを連れてくることができなければなりません。もし、氏族的な基準を復帰した男性と氏族的な基準を復帰した女性が出会って祝福を受けるなら、どれほど幸福で、どれほど福があるでしょうか。彼らは、絶対に別れることができません。（五二―一九九、一九七一・一二・二九）

神様の伝統に従えば、自動的に天国に入っていきます。どこでも歓迎します。ために生きれば、どこに行っても歓迎されるのです。これが祝福家庭の使命です。理想家庭と理想の国を立てなければなりません。ですから、氏族的メシヤの使命がどれほど重要かを考えなさいというのです。このような使命をこの地上で担わなければ、霊界に行っても位置がありません。氏族的メシヤを完遂すれば、国の民として入籍することができます。自分の氏族を連れて天国世界に入っていくことができるのです。皆さんは、そこで永遠の幸福を所有するようになるのです。（二四八―一三三、一九九三・八・一）

第四章　天一国の完成と氏族的メシヤ

第一節　氏族的メシヤの環境創造

(一) 真《まこと》の父母が任命した氏族的メシヤ

氏族的メシヤの使命は、誰が伝授してあげたのですか。再臨主であり真の父母です。真の父母という名は、永遠に一つしかないのです。霊界にも、地上にも、過去、現在、未来においても、たった一組だけです。そのような中心者が氏族的メシヤを任命したのです。(二五二―一四八、一九九三・一二・二九)

先生は霊界に行くようになります。そうなれば、この人類はどうするのですか。先生の使命を誰が受け継ぐのですか。子女である皆さんが受け継ぐようになっています。それは、天運が永遠に保護する位置です。いくら世の中の人たちが皆さんのことを、「レバレンド・ムーンの子女ではない」と否定しても、この関係を断ち切ることはできません。それで氏族的メシヤを分けてあげるのです。氏族的メシヤは、真の父母の子女の位置に立ったことを意味します。完成した真の父母の子女の位置です。それを贈り物として相続させてあげるのが氏族的メシヤだというのです。（二四四―三二七、一九九三・三・二）

「故郷に行きなさい」と言われれば、どれほどうれしいことでしょうか。み旨を知ったのなら、すぐに行かなければならないのではないですか。神様に侍ることのできる基盤を築こうというのに、それを嫌うのですか。神様に侍ることのできる基盤を築けば、神様が自分の故郷に訪ねてこられるのです。そのようになれば、霊界の地獄にいる先祖たちまで、その子孫と直接的な縁をもつようになり、その人たちまでも連れてこなければならない立場に立つのです。三時代が統合される起源が生じるのですから、原理を知り、そのようなことを理解する人たちであれば、何を躊《ちゅう》躇《ちょ》することがあるでしょうか。

私が故郷に行ける環境にいれば、すぐにでも行っているというのです。自分の目から血の涙を流し、生死の境を越えて犠牲になりながらも、子女のために福を祈る、そのような父母を訪ねて侍り、孝行できなかった恨《ハン》を抱く流れ者の身の上から抜け出したいと思いませんか。反対していた父母に愛で侍ることができるようになるとき、その村の人々が、「あの某《なにがし》は、父母があれほど統一教会に反対していたのに、帰ってきて誰よりも孝行し、先祖の墓参りをして、家を手入れし、村をきれいにしている！　やはり統一教会の人は違う！」と言うようになります。ですから、伝道は問題ないというのです。（二二〇―一四、一九九一・一〇・一三）

皆さんは氏族的メシヤの祝福を受けたので、この地上に天一国《てんいちこく》が完成されるときまで、その使命と責任を果たさなければなりません。氏族的メシヤは、真《まこと》の父母が下さる祝福の中で、最も大きな祝福です。蕩減《とうげん》復帰摂理の勝利的基台がなければ、堕落人間を氏族のメシヤとして立てることはできないからです。ですから、真の父母様の全生涯の摂理的経綸《けいりん》の中には、いつも氏族的メシヤの使命が強調されてきたのです。（二〇一二・九・一七、真のお母様）

この地上における天一国の天宙的完成は、氏族的メシヤたちがその使命を果たして、各氏族にみ言《ことば》と祝福とために生きる生活を相続させ、善の主権を立てて平和な世界と人類大家族を実現してこそ可能になります。各氏族において勝利基盤が形成されるようになれば、その基台の上にアベル国連が自動的に安着し、善主権が完成するようになるのです。（二〇一二・九・一七、真のお母様）

㈡ 環境創造と相対創造

再創造路程では、神様が先に環境を創造したので、皆さんが伝道に行ってどのように環境をつくるかということが問題です。伝道に行って環境をつくっておき、その次に自分の主張をしなければならないということです。神様は、必要なあらゆる原材料をつくってから人を造り始めたではないですか。それと同じです。環境をつくっておかなければならないのです。（二二九―二一七、一九九一・八・二九）

復帰歴史は環境創造です。ですから、皆さんが伝道しようとすれば、環境をつくらなければなりません。神様が太陽と月と水と土と空気をつくったのと同じように、生命が生息できる環境をつくっておいてから、伝道しなければなりません。神様のように、投入して忘れてこそ、生命が創造されるのです。（二八一―二三八、一九九七・二・一四）

復帰のために神様が何をしたのかというと、環境創造をしました。神様が再創造したというのは、環境を創造したということです。その環境の中には、太陽があり、水があり、空気があり、土があります。存続できる要素を配置しておいたのです。ですから、皆さん自身が、環境の生命要素になり得るものを神様の代わりにつくらなければなりません。その生命要素とは何かというと、愛と生命と血統と良心です。神様と同じ愛、神様と同じ生命、神様と同じ血統、神様と同じ良心をもって完全投入しなさいということです。(二八七—二六五、一九九七・一〇・五)

皆さんが主体の立場にいるのなら、決して先に命令してはいけません。まず投入しなければなりません。主体でいらっしゃる神様が、対象に投入して忘れることによって対象が出てきたのと同じです。皆さんは父母様の代わりに、あらゆる環境を創造した生命と愛と血統の関係、良心の関係を中心として、主体的な立場であり、神様に代わる立場に立つのです。ですから、皆さんが投入しなければなりません。(二八七—二六五、一九九七・一〇・五)

環境創造をして、そこに主体性を備えて相対を再創造しなければなりません。愛のパートナーを造ろうとした神様は、御自分のあらゆるものを投入し、また投入しようとされました。ですから、「私の命を捨てることがあってもまた投入しよう」という心をもてば、自動的に相対は生じるようになります。完全なプラスは完全なマイナスを創造するという原理があるのです。(二二一—二五、一九九一・一〇・二〇)

(三)アベルの位置と環境創造

アダムが完成したというのは、神様を中心とするアダムとエバが、神様の愛を完全に受けることができる位置に立った、という意味です。神様の愛を受けるとき、それを妬み嫌う存在がいてはいけません。完成の位置は、アダムが神様の愛を受けても、それを妬み嫌う存在が永遠にいない位置です。それを妬み嫌った存在が誰でしょうか。サタンです。堕落した天使長です。

ですから、神様が愛するときに、サタンが讒訴《ざんそ》する要件を残さない人にならなければ、アベルになることはできません。それが原理原則です。完成したアダムの位置がアベルの位置なのですが、その位置はサタンが讒訴する要件を残していない位置です。すなわち、心情が復帰されなければアベルになることはできないということです。言い換えれば、神様の愛を完全に受けることのできる位置でなければなりません。アダムとエバ以上に神様の愛を受けることができる位置に上がっていかなければならないのです。その位置がアベルの位置です。アダムとエバが堕落したそれ以下の位置は、アベルの位置になり得ません。それが原則です。（五六―八八、一九七二・五・一四）

反対される所を訪ねて消化し、環境創造をしなければなりません。環境創造が展開すれば、そこで最も悪い人が自分の手中に入ってくるようになります。そうすれば、私がその村で最も良い人になり、サタン世界で最も高い位置に上がっていくのです。ですから、サタンは一番の底から完全に離れていき、その村から出ていかなければなりません。

このように考えるとき、迫害というものは、そこで大勝利して完全に占領するための準備だと考えなければなりません。ですから、最も強く、執拗《しつよう》に反対する三人の人の心を溶かしてしまいなさいということです。それが秘訣《ひけつ》です。(二二〇―二六、一九九一・一〇・一九)

村で最も悪い人たちを三人捕まえて、村で最も良い人にすれば、その村は、私を中心として東西南北のすべてが従ってくるようになっています。そのようにして環境をつくりなさいということです。原理のみ言《ことば》を聞いたり読んだりすることばかりを好んでいてはいけません。原理は主体と対象の理論を教えてくれるものです。環境がないのに、主体と対象が存在できますか。完全な環境の上に主体と対象が存在するのです。これが創造の原則であり公式です。神様は、環境を先につくったではないですか。

その環境を創造するときは、反対を受けなければなりません。それは、神様が創造するとき、最初はすべてが無価値なものだったからです。反対を受けるということは、そのような立場に立ったのと同じことです。反対する人たちを自分が願うとおりに行動してくれる人にしたとすれば、それは零点《ゼロ》以下からつくりなおしたことになるので、サタンが離れていくのです。（二二〇―二二六、一九九一・一〇・一九）

第二節　再創造摂理と七年路程

㈠ 七年路程の背景

神様は、六数である六日目に人を創造されました。七数は安息数ですが、人間が堕落したので、この七数を失ってしまいました。それで、今日この地にいる人々は安息できないのです。神様は、七数を失ってしまったので、一日を千年として延長し、六千年の歴史を通して六数を探し立て、七千年の歴史によって安息数である七数を取り戻していくのです。人間が六千年で六数を取り戻し、七千年で七数を取り戻して完成し、再出発する八数の年限を再び取り戻していくのが復帰の歴史です。

（二〇―三三〇、一九六八・七・一四）

神様は、七千年の歴史を中心として歩まれてきましたが、すべての宗教は七百年を歩んでいきます。七百年の運勢が時を迎えれば、それが三段階に展開されて二千年の運勢を中心として歩んでいくので、旧約の歴史も二千年です。二千年の歴史が続いてきたのです。それは、必ず一段階ごとに新しく入れ替わります。

このように、神様を中心として見てみるときは、七千年の恨《ハン》の道を歩まれたのであり、宗教は七百年の歴史を中心として歩みます。したがって、キリスト教が勝利していれば、イエス様の再臨も、最初の七百年の期間に成し遂げられていたでしょう。それができなかったので、イスラームのシーア派のように、異邦民族の宗教が再臨思想をもって出てきたのです。

このように宗教は七百年の運勢を中心として歩むのですが、召命された預言者たちは、個人的に七十年の運勢に乗って歩みます。したがって、神様は七千年の恨の道を行かなければならないのであり、宗教は七百年の恨の道を行かなければならないのであり、人間は七十年の恨の人生の道を行かなければなりません。

それでは、七十年の恨の人生の道をどのように行かなければならないのでしょうか。自由に結婚生活をしてはいけません。恨の道を行かなければならないので、結婚生活をしてはいけないのです。それは神様が最も願わないことなので、七十年間独身生活をしなければなりません。それで、次元の高い宗教であるほど、独身生活を主張したのです。

七十年の運勢を経て成し遂げた基盤の上に、主が来られるようになっています。

それでは、主が来られて何をするのでしょうか。この地に来て、七十年の運勢を七年に短縮するのです。ですから、七千年の恨《ハン》の道が、宗教が出てくることによって七百年に短縮され、七百年の運勢が七十年に短縮され、七十年の運勢が、希望の一時が訪れることによって七年に短縮されるというのです。（二〇—三三〇、一九六八・七・一四）

(二) 七年路程の意義

人間が長成期完成級で堕落したために、完成段階が残っています。その完成段階の期間が七年です。蘇生《そせい》、長成、完成の三段階の七年をすべて合わせれば二十一年であり、満では二十年になります。この時は、人間が成熟期に入っていく時です。成熟期に入っていけば、愛の神様が自動的に結婚させてくださるようになっています。アダムとエバは、神様を中心として祝福を受け、人類の真《まこと》の父母として公認されなければならないのですが、それを受けることができなかったのです。

許諾されていない圏内で堕落し、完成段階を残してしまったので、七年の恨から始まって、六千年歴史に千年王国を加えた七千年歴史の恨が残るようになりました。一年が千年、七年が七千年に延長されてきたのです。私たちは、七日を中心として七年でこれを蕩滅《とうげん》します。これが七年路程です。（二三一―二一七、一九六九・五・二五）

神様が天地を創造されたそのときに七数を完成していれば、この七年という蕩滅復帰路程は必要ありません。しかし、私たちの先祖の過ちによって、全体がすべて間違ってしまったために、六千年という長い歴史路程を経てきました。すなわち、七数の怨恨を解くための路程を歩んできたのです。ですから、歴代の先祖たちは、必ず七数を中心として役事してきました。先生も、この道を歩み出すとき、七年期間を中心として完結しようとしたのです。（一四―二三七、一九六五・一・一）

聖書を見ると、一日を一年で蕩滅していると見ることができます（民数記一四・

三四)。七年路程は、キリスト教で言う大審判、すなわち七年の大患難です。堕落圏内にいる家庭が復帰されて上がっていき、堕落圏内とは関係のない天の家庭として上がっていくために迫害を受けるのが大患難です。神様が共にいらっしゃることのできる家庭が迫害を受けるのは、歴史上初めてです。ですから、これが大患難だというのです。

祝福家庭が責任を果たせなければ、この七年路程は延長されます。アダムとエバが原理結果主管圏、すなわち間接主管圏で堕落することによって、人間が行かなければならない圏内にサタンが侵犯し、間接主管圏全体をサタンが主管するようになりました。七年の大患難というのは、迫害を受けなければならない人が受けるのではなく、迫害を受けてはならない人たちが受けるのです。これが七年の大患難であり、歴史上に初めての患難です。これが統一教会でいう七年路程です。(二三—二一七、一九六九・五・二五)

心情の世界では、物をもって通じるのではありません。心で通じるのです。いつも感謝する心で、目上の人が悲しむときに一緒に悲しむことができ、喜ぶときに一緒に喜ぶことができる、そのような関係をもって通じるのです。神様は、そのように生きる人と共にいらっしゃいます。それで、その人が悲しむとき、神様も悲しまれ、その人が喜ぶとき、神様も喜ばれるのです。

ですから、皆さんがこのような段階を経ずに責任者の人と向き合ってはいけません。侍るには段階があります。ですから、統一教会の教会員になったとすれば、誰もが七年路程を通過しなければなりません。七年路程は、侍る生活をするための準備過程として、堕落した人間たちに絶対的な過程として残されているのです。(一七―二九一、一九六七・二・一五)

私たちがみ旨を中心として、十年、二十年、三十年、あるいは五十年を生きていくとすれば、その一生は、必ず七年路程から入門しなければなりません。私たちの一生がこの七年路程を中心として入門したならば、一生においてこの七年路程はどれほど貴いものでしょうか。もし、この七年路程を神様のみ旨と完全に一致化させることができなければ、神様を中心として歩んでいかなければならない生涯路程において、神様のみ旨と共に神様の愛の圏内で生きていくことはできません。このような点から考えるとき、統一教会でいう七年路程の期間こそ、億万のお金でも買うことができない最も貴い時だということを知らなければなりません。(二六―一一五、一九六九・一〇・一九)

蕩滅《とうげん》復帰しようとすれば、中心人物がいなければならず、条件物がなければならず、期間がなければなりません。これは鉄則です。これがあるがゆえに、先生もこの法に従っていくのです。これらのものを七年で立てることができなければ、三段階を経ていかなければなりません。それで、七年かかるものが二十一年かかります。統一教会の皆さんが、中心人物と条件物と期間を立てるという原則を変えることができますか。先生の思いどおりに変えることができますか。変えることはできません。天理の法度がそのように定められているのです。

今日この地上の天下万民が、いつでも神様のみ前に行くことができる門をすべて開いておかなければならないのですが、いつこのようなことをするのでしょうか。七年路程です。七年路程においてのみ、このようなことが許諾されるのです。

七年の期間をもつことができなければ、アダムに代わるアベルになることができません。統一教会を信じているからといって、すべてアベルになるのではないのです。アベル的な理念とアベル的な位置を決定できる期間が、皆さん各自になければなりません。（二一〇―三三〇～三三二、一九六八・七・一四）

㈢心情一致のための七年路程

先生が歩んできたすべての蕩滅的な過程を、大きくはできなくても、縮小してでも行かなければなりません。ですから、七年路程というものが出てきたのです。その路程で何をするのでしょうか。先生が証《あかし》をし、先生が愛し、先生がために生きた、その基準を私個人において行うのです。

なぜそれをするのでしょうか。先生がそのような活動をするときに天が相対してくれたので、皆さんが条件的にそのような活動をすることによって、天が相対してくれなければなりません。そこにおいて初めて、先生と皆さんの心情の一致が起きるのです。（一五七—二四九、一九六七・四・一〇）

原理から見れば、男性たちはすべて天使長です。自分の妻を王妃として侍り、自分の息子、娘をアダムとエバとして侍ることができ、神様の息子、娘として侍ることができる心情的基盤を中心として、その父親が心情の土台を築いて勝利してこそ、蕩減《とうげん》復帰になるのです。

天使長の立場にいる男性たちも長成期完成級にいます。これを誰が完成期完成級まで上げてくれるのでしょうか。真《まこと》の父母と共にその母親と息子、娘たちが一つになって引き上げ、そこで祝福を受けることによって、天の家庭的基準によって復帰されるのです。それが七年路程です。（二三三―一九七、一九九二・八・一）

世界に広がっている統一教会の信徒たちの生活は、別個の生活ではありません。行動的に一致し、心情的に一致し、理念的に一致した立場にいるので、これを中心として生活しなければなりません。その生活圏内において、統一されたこのような過程を経ていかなければならないのです。喜ぶのも一緒に喜び、悲しむのも一緒に悲しみ、泣いても一緒に泣き、十字架にかかっても一緒にかかる、このような立場に立たなければなりません。天が歴史途上において、蕩滅的な期間を立てて越えていこうとするこの期間が今日の七年路程なのです。（一五六―五〇、一九六五・一二・七）

第三節　父の国と母の国の一体化

(一) 天一国《てんいちこく》建国の精神

今までのキリスト教の歴史を見ると、数多くのキリスト教徒の命が奪われてきました。殉教の道を歩んできました。自分たちを保護してくれる国がなかったために、悲惨な殉教の道をたどってきたのです。

このことを考えるとき、もし、再臨の時期においても地上にそのような主権国家をつくることができない場合には、再臨主を信じる信徒たちが、そのような迫害を受けたとしても、それを追い払うことができないのです。サタン世界の数多くの国々が迫害してくるとき、それに対抗できる神側の国家基準がなければなりません。それがなければ、再臨時代において再臨主を信じる信徒たちも、あらゆる人たちから迫害を受けることになるのです。それを防備し、それから保護し、それに対抗して

世界的に推し進めていくには、何といっても国がなければなりません。(四〇—一一七、一九七一・一・三〇)

神様は、自由な環境で自由な行動や活動ができる一つの主権を求めてこられたのですが、その外的環境が民主主義国家圏です。この圏内でいかなる犠牲を払ってでも、一つの国を神側に復帰させなければ、今後の世界作戦において常に不利な立場で闘っていかなければならなくなります。しかし、国家主権をもてば、神側で外交的権威の基準を立てて、どの国に対しても平等な立場で、国家対国家の基準で神様の作戦を展開することができるのです。したがって、問題は何かというと、一つの国家をどのように神側に復帰させるかということです。それが重要な問題です。(四〇—一一七、一九七一・一・三〇)

宗教圏内にいる大勢の人たちが、今まで継続して犠牲を払い、蕩減《とうげん》の道を通過しながら、発展の目的として求めてきたのが神の国です。それを目標として今まで闘い、そのために犠牲になってきたのです。現世において私たちがその国を復帰しなければならない段階に来ています。やればできるというのです。間違いなく成し遂げられます。

そのようなことが、自分が生きている時代圏内で展開されることは、何よりも喜ばしいことです。命をもって生まれた人間としては、これこそやらなければならないことです。歴史過程において、たった一度しかないこのような時代圏に立ち、それを迎えることができ、成就できる立場にいることは、言い表せないほど驚くべきことです。それを思うとき、命を懸けてその目的を遂行しなければなりません。これは統一食口《シック》の使命です。

したがって、勉強するのも私たちの主権復帰のためであり、商いをするのも、会社で働くのも、伝道をするのも、その一切が主権復帰のためです。これに対する徹底した信念を統一食口たちはもたなければなりません。先生自身を考えてみてもそうです。過去を考えてみれば、全国民が反対し、韓国の三つの主権が反対してきました。その過程で、その主権の終末が訪れることを内心でどれほど待ち、私たちの時代をどれほど待ったでしょうか。今、本当にそのような時代に来ています。

ですから、そのような環境を迎えたこの時において、惜しむことなく全力を尽くし、すべての勢力を投入しながら、その一つの目的を完成するためにいかなる犠牲を払ったとしても、私たちは喜んで進んでいかなければなりません。そのような立場に立っているのです。（四〇―一二七、一九七一・一・三〇）

もしも、地上で国家を復帰することを自分の生涯で果たせない場合、皆さんは霊界に行っても、天国に属する人の価値をもつことはできません。地上で神様の主管圏内で統治されたという実績をもって、霊界に行かなければなりません。それが本来の創造基準なのです。

このように考えるとき、国というものは、私たちの生涯において、いかなる犠牲を払ってでも復帰しなければならない重要な目標です。伝道するのも、この目的のためです。したがって、何が何でも早く良い人たちを復帰して影響力を波及できるようにし、すべての力を主権復帰に向けて注がなければなりません。

そして、一つの国の主権が復帰されれば、第二の国を復帰することに全力を集中するのです。もし二つの国が復帰された場合には、二つの国が第三の国に向かって集中します。このようにして、一つ一つの国を復帰していかなければ、全世界は復帰されません。（四〇―一三一、一九七一・一・三〇）

(二) 天一国《てんいちこく》の完成と日本

①イスラエル民族の教訓

一九四五年から一九五二年までの七年間に成し遂げようとしていたことを復帰し

て、一つの統一世界、一つの平和世界をつくらなければならない責任が統一教会にあります。そのような世界の摂理史的観があることを知らなければなりません。

イスラエル民族は、四十年の荒野路程が過ぎて、七年路程で国を創建する伝統を立てることができずに敗亡の国となりましたが、私たちは、建国理念、国を建てる伝統を立てなければなりません。今、この七年路程中に、建国思想を中心として、統一世界と平和の理念に満ちた国民として結束させなければなりません。（二六九―二一六、一九九五・四・二三）

イスラエル民族がエジプトを出るとき、紅海を前にして行く道がないのに、エジプトの軍隊が後ろから追いかけてくるのです。そこにおいては、神様に頼るしかありませんでした。「今回一度だけ神様が助けてくだされば、カナンの地に入っていくら困難なことがあっても、それを克服します」と思ったでしょう。神様はその決意の瞬間を御覧になり、彼らを救うために、紅海を分けて高速道路のように渡っていくようにしてくださいました。

そのように神様の導きを受けたイスラエル民族が、どうして捨てられ、馬のひづめに踏まれて血を流し、世界的に悲しい涙と落胆の涙、絶望の涙とともに血を流す民族になったのでしょうか。それは、正にカナンの地に入ったのちの七年間のためだったというのです。七年間を耐えることができずにそのような結果を招いたという事実が、今先生によって明らかにされました。（二五八―一一六、一九九四・三・一七）

かつてのユダヤ民族が失敗して国家を創建できなかったために、イエス様が亡くなり、今、先生まで苦労しています。先生は、このようなことをしなくても、天国に直行する群れの子孫になることができたのですが、子孫にまで延長してこのような苦労をさせるのは、復帰されたカナンの地に入っていったイスラエル民族が失敗したからです。それが今も影響しているというのです。

それと同じように、皆さんがもし失敗すれば大変なことになります。大変なことになるのです。誰がそのような伝統、建国精神を台無しにしたのかというと女性です。母親が台無しにしたのです。周辺の国々を見れば、牧場もあり、牛もいて、家もあり、不足なものがなく毎日裕福に暮らしているというのです。しかし、自分たちは満足に食べることもできていません。「一族が座って水ばかり飲んでどうするのか」と考えたのです。

母親たちは心を痛め、国を忘れて「あなた、どこどこにこのような息子がいるのですが、貧しい一族を救わなければならないので、私たちの娘と結婚させるのはどうですか」と勧めたというのです。美男の息子がいれば、「カナン七族の女性がいます。ユダヤの悲惨な女性より、あの美しい女性と結婚するのがよいのではないですか」と言って、一族がこのように考えるようになりました。神様が願われる伝統的な考えを横に置き、サタンが喜ぶ足場に向かっていったという、そのような悲惨な出来事がありました。男性よりも女性がそのようなことをしたのです。（二五八―一一六、一九九四・三・一七）

母子協助の基盤を通じなければ長子権は復帰されません。ですから、韓国の女性と日本の女性を連結させ、二世たちをすべて新しい伝統に導くのです。イスラエル民族がカナン復帰したときのように、悪い伝統を相続させてはいけません。天の伝統を新たに伝授しなければならないのです。

それで、どこから出発するのですか。すべての一番下に行かなければなりません。イスラエル民族は、下りていくのが嫌だといって滅んだのです。物乞い生活を三年すれば基盤を固めることができるのですが、それを「嫌だ」と言って国も売り飛ばし、民族も売り飛ばし、亡国の種になり、今はメシヤ的選民圏もすべて失ってしまい、蘇生《そせい》的選民圏しか残らないかわいそうな民族になったのです。(二二二―二七九、一九九一・一一・三)

イスラエル民族は、「信仰はするが、蕩減《とうげん》の道は嫌だ」と考えました。「メシヤが来れば、自分たちは解放され、何の蕩減の道も経ることなく、そのまま天国をつくることができる」と考えていましたが、それは大きな錯覚だというのです。再臨主が来たからといって、地上がすぐに天国になるのではありません。

新郎と新婦が一つになってつくった新しい家庭を中心として結束し、子女と共に民族、国家編成を再び行う伝統的な基盤を造成しなければ、カナンまで付いてきたサタンを分立させることができません。新しい伝統を立てなければならないのです。自分の一身より、自分の一家族より、自分の一族や一国よりもっと立派で、世界を安息させる世界統一国を立てなければなりません。（二五八―一一八、一九九四・三・一七）

②母の国日本への訓示

これから七年間、エバ国家は、どんな犠牲があっても母の使命を果たさなければなりません。それが天的に選ばれたエバ国家の使命です。先生は、勝利の伝統精神を抱いて、今皆さんに間違いのない伝統精神を、教育しているのではなく、訓示しているのです。教育というのは成し遂げなくてもよく、自分の主体性をもって歩むものです。しかし、訓示というものは、絶対的に従っていかなければなりません。それを訓示と言うのです。(二五八―一一六、一九九四・三・一七)

先生は、神様に祈って、「日本の国をエバ国にします」と申し入れた責任があるので、死力を尽くして教えているのです。万が一、できなかった場合でも、そのことで神様の摂理を滅ぼすことはできません。責任者として、涙しながらも回れ右をしなければならないのです。今は、そのような絶頂点に立っています。先生が回れ右をした場合には、どうなるか分かりません。神様を恐れなければなりません。イスラエル民族は、国家のメシヤを追い出したとき、世界の果てに行って涙を流し、その屍《しかばね》は禿鷹《はげたか》や狐《きつね》の餌になって流れていきました。それは歴史的事実です。(一九九五・一・一九)

今、先生は、十六万人のエバ国家の皆さんを中心として、声高に叫び、血しぶきが飛ぶような心で伝えています。それが、アダムとして、夫として使命を果たすことです。それを皆さんが成し遂げるかどうかは別にしても、私としては、神様のみ前で倒れたとしても、「あなたの目的は完成できなかった」という声を聞きたいとは思いません。「先生はするべきことをしたが、日本が責任を果たせていない」という、そのような烙印《らくいん》を押されれば、日本自らがどのようにその蕩減《とうげん》の道を越えていくのですか。それは分からないというのです。そのとき先生はいません。それで、あらかじめはっきりと伝えておくのです。これが滅びない道です。（二五八―一一八、一九九四・三・一七）

③真《まこと》の孝女になる道

神様は、長い歴史において、自分と近い人たちを苦労させられました。長い歳月を苦労した、その悲しみの心情を神様と共に体験してきた人たちが、神様の喜びの心情圏内に最初に参与することができるのです。それで、今日までのキリスト教は悲惨な宗教でした。また、すべての宗教がこのような過程を通過してきました。このような事実を考えるとき、私たち統一教会の食口《シック》たちは、日本復帰のために一致団結しなければなりません。

皆さんが神様の理想を知った以上、この道を放り投げていくら他の道に行こうとしても、行くことはできないでしょう。たとえ他の道に行ったとしても、再び戻ってこなければならない運命に身を置いているのです。そのような立場なので、皆さんは、潔く一直線で進んでいかなければなりません。父母が反対するときもあるでしょう。友人が悪口を言うときもあるでしょう。また、目上の人たちが批判し、あるいは社会的に支障を受ける場合もあるでしょう。しかし、それらは問題にならないのです。

手足がなくなって体だけが残ったとしても、父母様から愛を受け、父母様のために孝の道を行く第一人者になったとすれば、その人は、すべての財産を相続するようになるのです。先生もそのように考えて、今まですべてのことを耐え忍んできました。先生は、これからも歩んでいくでしょう。皆さんはどうするのですか。皆さんも行かなければならないのではないですか。（一八―二八〇、一九六七・六・一二）

日本の女性は、エバ国家の立場ですべてを自分が背負っています。誰にも任せてはいけません。自分がお母様の代わりに立つのです。お母様は世界を導いていかなければなりません。それを日本の国を通してしなければならないので、その「縄張り」とするために百六十カ国に千六百人を送るのです。そのようにして何を伝授するのでしょうか。建国精神です。地上天国の建国精神です。どんな困難があったと

しても、神の国を建設しなければならないというのです。（二五八―一一八、一九九四・三・一七）

今は、争いも何も、すべて終わってしまいました。エバを中心として天使長たちを一掃してしまわなければなりません。そのようにして、男性が失敗した世界を、女性を中心として復帰するのです。理想世界に連結する使命を、この終末において女性を中心として行うのです。そのようにすることによって、蕩減《とうげん》復帰が可能になります。

そのようにしたのちに、女性として堂々と男性と平等な立場に立つことができるのです。エバがこの世界を滅亡させました。ですから、日本の女性たちを訓練して世界に派遣し、伝統を伝授してあげたいというのが真《まこと》のお父様の心です。真の娘になったとすれば、そのような方向に準備するのは可能ではないですか。そこに真の孝女になる道があるのです。（二四九―三五〇、一九九三・一〇・一二）

これからお母様の行く道が、先生の道のように困難であってはいけません。お父様の行く道は男性が反対しても困難はないのですが、お母様の行く道に反対する女性がいてはいけません。それを私が解怨成就するためにも、お母様の行く道は女性という従者がすべて後援し、「私を踏み台として早く祖国光復を成し遂げ、天地を解放し、神様を解放できる道を歩んでください」と言うことのできる女性の橋が必要なのです。お母様が行く道において、お母様を苦労させてはいけません。男性たちが先生の行く道を塞いだではないですか。一生を犠牲にした先生です。お母様は、三カ国を七年以内に連結させなければならないのです。（二二一—一七九、一九九一・一一・三）

統一教会のレバレンド・ムーンがいなければ、ここにいる人たちはみなどこに行きますか。イエス様が十字架で亡くなったとき、その弟子たちが荷物をまとめて逃げていったように、秋風で葉が落ちていくように皆さんは倒れてしまうのですか。愛の伝統を受け継がなければなりません。皆さんの息子、娘を中心として家庭教会運動を展開し、隣人とその村に生きた愛の種を蒔《ま》かなければなりません。その愛の基盤の上に先生は生きているのです。霊界に行ったとしても、先生はその舞台の上で皆さんと一緒にいるのです。そこに神様が皆さんと一緒にいらっしゃるというのです。

これから先生が霊界に行ったとしても、皆さんが直接先生に会い、先生の訓示を受け、体験しながら同じ生活圏内で働くことができます。そのような時代は遠くありません。そのように理解して、国家が危機に瀕《ひん》したこの時代において、精誠を尽くし、天が願う民族の行く道から外れることがないよう、皆さんは道案内をしなければなりません。（一三六―一九四、一九八五・一二・二二）

㈢ 父の国と母の国の一体化

私たちは、自分たちの使命がどれほど重大かということをもう一度考えなければなりません。韓国において、私たち統一教会は、個人を中心として闘ってきました。そして、家庭を中心に闘ってきました。あるいは、氏族、民族を中心として闘ってきました。今に至っては、国家全体に対して対等な力を発揮できる段階にまで来ています。

このような時において、もし一つの国が神側に復帰される場合には、その国を中心として第二の国家はどのような国になるかということが、歴史上において重要な問題になります。第一の国が復帰された場合に、第二の国はどの民族になるのでしょうか。それが第一の国を中心として相対的関係にあった国、すなわち隣国と一つになれば、それは歴史上になかった新しい動きです。イエス様を中心として、イスラエル民族でさえも一つにならなかったのに、国家を中心として、異なる二つの国が一つになれば、これは歴史上にない出来事です。

私たちは今、それを望んで信仰しています。それで、日本を中心として考えてみるとき、日本の統一教会の食口《シック》たちは、日本にいても日本人ではありません。皆さんには、今後いくらでも迫害の道が残っています。そのように考えたとき、神様を頼って国家復帰の道を考えざるを得ません。（四〇—一一九、一九七一・一・三〇）

統一教会の食口たちは、日本の統一教会と韓国の統一教会が、どのようにすれば両国間に残っている歴史的な国家的感情を超越して、兄弟のような心情圏をつくることができるか、ということを考えなければなりません。これが最も重要なのです。ここで日本や韓国という国を介在させて考える立場に立った場合には、神様が目指していらっしゃる新しい神の国をつくりあげることはできないのです。

そのような立場で見たとき、韓国と日本の食口たちは、新しい国家復帰という目標を定めて、神様が尋ね求めてこられた国を全体的に復帰する時まで、一体となって推し進めていかなければなりません。これが統一食口の世界的使命です。

このために韓国の統一食口は今まで闘ってきました。その歴史的伝統を日本の食口たちに伝えてあげ、日本の食口たちを同じ立場にいかに立てるか、ということが今現在において重要な問題です。

異なる歴史背景をもつ立場で考えてみれば、自分の国内圏においては、常に日本なら日本を考えるようになり、韓国なら韓国を考えるようになります。それではいけません。ここで自分の国家を超越し、韓国も日本も、韓国統一教会の食口も日本統一教会の食口も、共に今までの国家の観念を超越して新しい国家編成という目的を中心として一致しなければなりません。（四〇——一二三、一九七一・一・三〇）

世界的復帰ということを考えるとき、より考えなければならないことは、神の国がどれほど重要かということです。皆さんはそれを忘れてはいけません。寝ても覚めても、あるいは仕事をしている間にも、このような精神の信条を遂行するため、私たちはもっているすべての力をそのことに注がなければなりません。時が来た時は全体が行動し、その目的のために生きる、そのような決意を常にもたなければならないのです。

それだけではなく、国を超越したカインとアベルとして、自分の血統以上に互いに愛さなければなりません。したがって、韓国の統一教会の食口同士《シック》で愛する愛より、韓国の食口と日本の食口が互いに愛する愛のほうが強い人にならなければ、これは世界的伝統になりません。そのような重大な立場にいることを皆さんは考えて、今から方向を転換していかなければ、神様が求めてこられた国を復帰することはできません。(四〇—一二九、一九七一・一・三〇)

一つの国の主権を立てるために、二つの民族が共に協力し、一つの民族の主権をつくったという歴史は今までありませんでした。しかし、神様の摂理に従う私たち統一教会の食口たちは、二つの国民が一つの国の主権を立てるために犠牲になることができなければなりません。すべてのものを投入し、そこに歩調を合わせるということは、今までの歴史にはなかったことです。それで、それは神側が誇る条件になるというのです。

このようなことを成し遂げるために、その先頭に立つ国は、歴史的に重大な使命をもっています。ですから、韓国と日本、韓国の統一教会と日本の統一教会が一つになって一つの国を復帰した場合、二つの国民が結びついたその伝統は、今後の歴史過程において様々な国の模範となり、伝統的基盤になるはずです。したがって、この伝統をどのようにしてでも、清い真《まこと》の伝統として神側に立てることが、今から成し遂げるべき日本と韓国の統一食口の使命です。（四〇―一二三、一九七一・一・三〇）

(四) 韓国語の習得

①韓国語は真の父母の言葉

一つの愛、一つの生命、一つの血統、この三つを中心とするときに伝統が立てられます。二つではなく一つだというのです。それでは、その伝統はどのようにつくられるのでしょうか。文化によってつくられるのです。それでは、文化は何によって代表されるのでしょうか。それは言語です。一つの言語が一つの文化をつくり、一つの文化が一つの伝統をつくるのです。(二一五―一七六、一九九一・二・一七)

私たちの原理から見れば、根本は一つです。心情圏を主張する私たちの立場では、人類の最初の先祖が神様と交わした言語を、神様も自分の言語だと考え、子女も自分の言語だと考えるのです。それは否定することができません。それによって結ばれた夫婦関係によって、愛を中心とする様々な言葉が出てくるのです。ですから、言語が重要なのです。(一九二―九七、一九八九・七・三)

神様を中心として見るとき、アダムとエバは長子です。また長子であると同時に実体の父母であり、この地上の王でした。ですから、本来はアダム文化一色であり、単一民族だったのです。言語も一つであり、文化も一つです。その文化は、愛を中心として表現できる言語によって形成されるので、その言語は、言語学的観点から見るとき、世界最高の形容詞と副詞を備えています。ですから、韓国語は、天をお迎えできる内容の言語だということを知らなければなりません。(二一〇—三六〇、一九九〇・一二・二七)

韓国語は、宗教的な術語を本当に豊富に備えています。また、科学的にできています。それは、世界的な言語学者たちが認めているのです。色の表現においても、世界のどの国もできないものを鑑別できるようになっています。ですから、宗教的な心情世界の表現を、どの国の言葉よりも詳細に、深く表現できる言語が韓国語です。(六六—一四四、一九七三・四・二二)

韓国語は誰が使った言葉ですか。真《まこと》の父母が使った言葉です。真の父母からすべてのものが始まるので、それによって連結される文化圏や子孫の生活圏では、それと同じ文字、同じ言葉に対する実力がなければならないのです。それが伝統的な道です。(一九〇—二二七、一九八九・六・一九)

②韓国語を学ぶ目的

なぜ韓国語を学ばなければならないのですか。韓国語が信仰の母国語になるからです。母国語ができない人がいれば、その人は自分の国に所属できないのです。その次に、先生のみ言《ことば》を読まなければならないからです。韓国語を読んで、即座に理解することさえできれば、どれほど深い心情を悟り、感じることができるでしょうか。そこに、今まで知らなかった内容が無限に含まれているのです。(二四八—一六九、一九九三・八・三)

言語を統一して何をするのですか。先生をはっきりと知ることです。その目的は、韓国をはっきりと知るためではなく、先生をはっきりと知るためなのです。先生をはっきりと知ろうとすれば、先生が一生の間投入し、精誠を尽くして語ったみ言をすべて解読できなければなりません。これをすべて原語で読まなければならないというのです。（二二二―二〇七、一九九一・一一・三）

先生の血族も、三代から世界的に祝福をしてあげるのです。この四位基台《よんい》が決定してモデルができたので、世界に拡大するのです。ですから、孫の時代には国際結婚をたくさんする時なので、その時代には、自分の一族が先生の一族と結婚しようとすれば、韓国語を知らなければなりません。アダム家庭の三代から受け継いだ言葉は、アダムとエバが使っていた言葉であって、ほかの言葉ではないということを知らなければなりません。ですから、天の国の皇族になるためには、父母たちが早く言語を学び、子女を教育しなければなりません。（二六八―二二一、一九九五・三・三一）

先生と同じ時代に生きていながら、先生があれほど「韓国語を学ばなければならない」と言ったにもかかわらず、日本語を使ってきたとすれば、皆さんの先祖たちが、「こいつ！　家門を汚してきたな」と讒訴《ざんそ》するのです。それは恥ずかしいことだと思わなければなりません。先祖が、真《まこと》の父母と皆さんを連結させてあげることができないではないですか。（一九〇一―二〇一二、一九八九・六・一九）

言語が統一されたとすれば、どれほど近くなるでしょうか。日本と韓国が出会ったとしても、言語が通じない場合には、北極と南極のようになるのです。目の前に山脈が横たわり、あるいは海や川が横たわっていても、それを越えていくために準備することが偉大なのです。（一九二〇―九七、一九八九・七・三）

③心情が通じる韓国語

「天地父母天宙安息圏」を宣言したことによって、真の父母と神様と自由圏が出発します。文化の出発が決定し、方向も決定しました。それでは、言葉はどのようにするのかというのです。全体の教育が一つに収拾されていくので、韓国語を使わない人は、真の父母の心情と通じる道が永遠にありません。ですから、韓国語を学ばなければなりません。（二八六―一七五、一九九七・八・一〇）

言語が異なれば、父母のすべての心情的基台が通じません。通じないというのです。それは誰がそのようにしたのですか。サタンがしたのです。私たちはこれを克服しなければなりません。（二三五―三四一、一九九二・一〇・二六）

エバ国家は、世界的に指導する立場で、必ず韓国語を語って教えてあげなければなりません。そのような時代になっていきます。その時になって、日本の国の言葉を使うようになれば、大変なことになるのです。いくら発展してみても、それは天の側に連結されません。それは、父母の心情圏に完全に付着していないものになるからです。父母の言葉で教えることが、子女となった人たちの道理であり、心情世界の根本的状況なので、それに従う道以外はないというのです。（二八六―一七三、一九九七・八・一〇）

この世界の言葉の中で、神様が御自分の愛をささやくことができ、深い内容の心情を表示できる言語は何でしょうか。私が韓国人だからこのように言うのではなく、第三者の立場から見ても、「それは韓国語だ」と言えるのです。それが先生の観です。（一二九―二〇、一九八三・一〇・四）

堕落がなければ、文化が二つになることはあり得ず、言語が二つになることはあり得ません。本来、最初の愛の言葉は、神様と真《まこと》の父母から始まった伝統的な愛の言語です。これが伝統となる心情文化の起源なのであって、それ以外は堕落によってもたらされたものです。

ですから、真の父母が生まれた国の言語が世界の言語になる、というのは原理的基準で、秩序的な面で当然だというのです。異議がありません。今までの韓国語は偽りの言葉です。心情が立っていない言葉でした。きょうからは、心情が立っている言葉を語らなければなりません。真の父母の思想、神様の思想を中心とする言葉を語らなければならないのです。（一三六―二九四、一九八五・一二・二九）

真の父母様の御言集
真の父母の絶対価値と氏族的メシヤの道

2014年２月12日　初版第１刷発行
2014年７月30日　第４刷発行

編　集　世界基督教統一神霊協会
発　行　株式会社　光　言　社
〒150-0042　東京都渋谷区宇田川町37-18
印　刷　株式会社　ユニバーサル企画

ISBN978-4-87656-361-6
定価はブックカバーに表示してあります。
乱丁・落丁本はお取り替えいたします。